国际边境口岸法规丛书

欧盟海关法典

THE UNION CUSTOMS CODE

国家口岸管理办公室 / 编译

中国海关出版社

图书在版编目（CIP）数据

欧盟海关法典／国家口岸管理办公室编译．—北京：中国海关出版社，2016.1

（国际边境口岸法规丛书）

ISBN 978-7-5175-0112-1

Ⅰ.①欧… Ⅱ.①国… Ⅲ.①欧洲国家联盟—海关法—研究 Ⅳ.①D950.22

中国版本图书馆 CIP 数据核字（2016）第 018256 号

欧盟海关法典

OUMENG HAIGUAN FADIAN

作　　者：国家口岸管理办公室
策　　划：普　娜
责任编辑：熊　芬
助理编辑：缪奇川
出版发行：中国海关出版社
社　　址：北京市朝阳区东四环南路甲 1 号　　邮政编码：100023
网　　址：www.hgcbs.com.cn
编 辑 部：01065194242-7503（电话）　　01065194231（传真）
发 行 部：01065194221/4238/4246（电话）　　01065194233（传真）
社办书店：01065195616（电话）　　01065195127（传真）
　　　　　http：//store.hgbookvip.com（网址）
印　　刷：北京铭成印刷有限公司　　经　　销：新华书店
开　　本：710mm×1000mm　1/16
印　　张：11　　字　　数：169 千字
版　　次：2016 年 1 月第 1 版
印　　次：2016 年 1 月第 1 次印刷
书　　号：ISBN　978-7-5175-0112-1
定　　价：58.00 元

《欧盟海关法典》

译者名单

黄胜强

编辑说明

一、《欧盟海关法典》中文版翻译的英文版本为2013年版。

二、《欧盟海关法典》中文版遵从的原则是内容和条目层级尽量与英文原文保持一致。

三、《欧盟海关法典》中文版中，统一对法典中条款层级做如下翻译：1和（1）都译为“款”，（a）译为“项”，（i）译为“目”，目以下层级不再对应翻译（详见示例）。

示例：

第一二六条　立法权授权

授权欧盟委员会按本法第二八四条规定通过授权立法法案，制定本法第一二四条1款（h）项（i）目规定所指的导致海关债发生的未履行义务的情事（限于对相关的海关监管程序的正确执行没有造成重大影响的）清单。

编者

2015年12月

目　录

立法说明

《欧洲议会及欧盟理事会关于制定欧盟海关法典（重新制定）的条例》
［2013 年 10 月 9 日第（EU）952/2013 号］

欧洲议会及欧洲联盟理事会：

依照《欧洲联盟运行条约》，特别是该条约第三十三条、第一一四条及第二〇七条规定，考虑了欧盟委员会的建议，在将该立法授权法案转送各成员国议会后，考虑了欧洲经济和社会委员会[①]的意见，按照普通立法程序，鉴于如下原因，特通过本条例。

（1）2008 年 4 月 23 日欧洲议会及欧盟理事会第（EU）450/2008 号《关于制定欧盟海关法典的条例》（现代化海关法）应作若干修订，为明确起见，该条例应重新制定。

（2）应当保证第（EU）450/2008 号条例的规定与《欧洲联盟运行条约》（以下译为《里斯本条约》[②]），特别是该条约第二九〇条及第二九一条规定相符合。还应当使该条例考虑欧盟法律的变化。为方便其实施，该条例的某些规定应更新。

（3）为进一步完善或修改本条例某些非基本的内容，欧盟委员会应享

---

① 欧洲经济和社会委员会，简称“经社委员会”，于 1957 年根据《罗马条约》成立，它是欧盟的咨询机构。——译者注，本法全部脚注均为译者注。

② 《里斯本条约》即欧盟非正式首脑会议在葡萄牙首都里斯本通过的欧盟新条约。《里斯本条约》是在原《欧盟宪法条约》的基础上修改而成的，被视为“简版”的《欧盟宪法条约》。这一条约于 2007 年 12 月 13 日由欧盟各国首脑在里斯本签署，随后交由各成员国批准。各国批准后，条约于 2009 年 12 月生效。

有按《里斯本条约》第二九〇条规定的通过立法授权法案的授权。特别重要的是，欧盟委员会应在准备工作阶段进行适当的咨询，包括在专家层面上。欧盟委员会在准备和起草立法授权法案时，应保证相关文件同时、及时并且适当地报送欧洲议会及欧盟理事会。

（4）特别的是，欧盟委员会在准确和起草立法授权法案时，应保证以透明的方式并且有充足时间提前征求各成员国的专家及商界的意见。

（5）为确保本条例在统一的条件下实施，欧盟委员会应享有实施权授权，以便：

——规定各国海关当局之间、经济从业人与海关当局之间信息交换及存储的共同数据标准的格式及编码，以及采用电子数据处理技术以外的手段进行信息交换及存储的程序性规则；

——通过允许某个或多个成员国使用电子数据处理技术以外的手段交换及存储信息的决定；

——规定负责办理经济从业人或其他人注册登记手续的海关当局；

——规定开发、维护及使用电子系统的技术安排；

——制定关于某关务代理在其注册以外的成员国提供服务的授权及证明资格的程序性规定；关于提出、受理、作出及关注关于海关法律法规适用的海关决定的程序性规则；撤销、收回及修改某项有利于相对人的决定的程序性规则；关于涉及有约束力的信息（以下译作“约束信息”①）的决定在其停止有效或被收回后继续适用的程序性规则；关于通知海关当局中止作出此类决定及关于撤销该中止的程序性规则；

——通过要求各成员国收回涉及约束信息的决定的决定；

——通过授予“经认证的经济从业人”② 身份的标准的实施细则；

——通过确保统一实施海关检查的措施，包括风险信息及分析互换、共同风险标准、检查措施及重点查验领域的措施；

---

① 指对海关与管理相对人都具有约束力的信息，通常用于海关在货物通关时对货物的税则归类、海关估价、原产地方面作出的事先认定。

② 即我国海关通常称的“经认证的经营者”。

——确定随身及托运行李物品应接受海关检查并办理海关手续的港口或机场；

——制定货币兑换规则；

——制定统一管理关税配额及关税上限，管理对按货物自由流动结关或正式出口进行监控的措施；

——通过确定货物税则归类的措施；制定方便提供和审核非优惠原产地证明的程序性规则，方便在欧盟境内认定货物优惠原产地的程序性规则；

——通过认定特定货物原产地的措施；准许暂时例外于享受欧盟单边优惠的货物的优惠原产地规则；

——认定特定货物的原产地；

——制定确定货物的海关估价的程序性规则；

——制定提供担保，确定担保金额、担保监控及解除，收回或撤销担保人作出承诺的程序性规则；

——制定关于暂时禁止采用总担保的程序性规则；

——通过确保各国海关当局在发生海关债时提供互助的措施；

——制定进口或出口关税税款的退还或不征，以及应向欧盟委员会提供信息的程序性规则；

——通过对进口或出口关税税款退还或不征的决定；

——制定办理、更改及作废进境申报的程序性规则；

——规定应对进境申报进行风险分析的时限；

——制定远洋船舶及飞机的抵达报告及货物运至适当地点的程序性规则；

——制定向海关呈验货物的程序性规则，办理、更改及作废临时存放申报及临时存放货物移动的程序性规则，提供及核查欧盟货物监管状态的证据的程序性规则，确定主管海关办事处及使用电子数据处理技术以外的其他手段办理报关的程序性规则，递交标准报关单及提交随附文件的程序性规则，办理简化报关及补充报关的程序性规则，在货物向海关呈验前提前报关的程序性规则，接受报关及放行货物后更改报关的程序性规则；

——通过对一票中可以归入不同税目的货物按进口或出口关税最高税率的税目确定的措施；

——制定集中结关及在集中报关条件下免呈验货物的程序性规则，以报关人记账的形式办理报关的程序性规则，自我评估模式下许可证书持有人办理海关手续及接受海关检查的程序性规则；

——通过报关的审单措施；

——通过关于货物查验、提取货样及审单结果的措施；

——通过关于货物处置的程序性规则；提供能证明自己捕捞的鱼类及其海产品符合进口关税免税条件的信息的程序性规则；在申请办理特定监管程序时对经济条件进行审查的程序性规则；按特定监管程序货物移动的权利及义务转移的程序性规则；关于某项特定监管程序的核销的程序性规则；关于按特定监管程序监管使用串换货物的程序性规则；关于对在欧盟关境内提供国际转关运输工具的规定的适用的程序性规则；关于按欧盟外部转关运输监管程序监管的欧盟关境以外穿越某个国家的货物按欧盟转关运输监管及中止的程序的运作及简化，以及海关监管的程序性规则；关于货物按保税仓库监管程序或自由区监视的程序性规则；

——制定应当基于预出口申报进行的风险分析的时限，关于出口申报的办理、更改及作废的程序性规则，关于复出口报告的办理、更改及作废的程序性规则，通过一项支持相关的电子系统开发及关于设立过渡期的工作计划；

——通过授权成员国试行海关法律法规简化执法的决定，特别是涉及信息技术的简化执法。

这些授权应当依照欧盟2011年2月16日欧洲议会及欧盟委员会第（EU）182/2011号《关于制定成员国对欧盟委员会行使实施权授权的监控机制的规则及一般原则的条例》规定行使。

（6）考虑到各成员国及欧盟委员会需要合作开发、维护及使用实施

《欧盟海关法典》（以下简称“本法典”）所需的电子系统，如果审议该草拟的实施法案的委员会尚未发表意见，欧盟委员会不得通过支持该开发或设立过渡期的工作计划。

（7）通过下列法律规定时应诉诸咨询程序：

——允许某个或多个成员国使用电子数据处理技术以外的手段进行信息互换及存储的决定，如果这些决定不影响所有成员国；

——要求各成员国收回约束信息的决定的决定，如果这些决定只影响某个成员国并旨在确保遵守海关法律法规；

——关于进口或出口关税退税及不征税的决定，如果这些决定直接影响申请退税或申请不征税。

（8）有正当理由时，出于紧迫性，欧盟委员会应立即通过涉及以下措施的实施授权法案：

——确保海关检查统一执行的措施，包括风险信息的互换及分析、共同风险标准、海关检查措施及重点查验领域；

——货物税则程序归类的认定、特定货物的原产地认定、临时禁止采用总担保的措施。

（9）欧盟的基石是海关同盟。出于欧盟的经济从业人及海关当局的共同利益，建议将现行的各项海关法律法规汇集到一个法典中。该法典应基于内部市场的概念，包含有确保欧盟层面上制定的涉及欧盟与欧盟以外的国家和地区之间的货物贸易的关税及其他共同政策措施的实施的一般规则及程序，制定时应考虑鉴于这些共同政策的需要。海关法律法规应当在不改变现行国内税法律的适用范围条件下与进口税费征收方面的法律相一致。

（10）为确保有效的简政，海关法律法规进一步实现现代化时，应考虑经济从业人的意见。

（11）依照2004年8月9日欧盟题为《保护欧盟财政利益—反瞒骗—2004年至2005年行动计划》的规定，有必要通过保护欧盟财政利益的法律框架。

（12）1992年10月12日欧盟理事会第（EEC）2913/92号《关于制定共同体海关法典的条例》的基础是20世纪80年代期间在各成员国分别适用的海关监管程序的一体化。该条例自生效以来进行过多次重大修改，以应对诸如保护诚实一类的特定问题或考虑供应链安全的需要。2005年4月13日欧洲议会及欧盟委员会第（EC）648/2005号条例对该条例进行了进一步修订且并入第（EC）450/2008号条例——作为近年来在欧盟及国际层面上发生的重大法律改革［如制定欧盟法典的条约及煤钢联营条约到期，2003年、2005年及2011年的加入法案，以及《关于简化及协调海关监管程序的国际公约》的修改（修改后的京都公约），2003年3月17日欧盟理事会第2003/231/EC号决定批准的加入该公约等］。

（13）有必要在本法典中引入一套法律框架，使海关法律法规的某些规定适用于2006年11月28日欧盟理事会第2006/112/EC号关于共同增值税制度的指令或2008年12月16日欧盟理事会第2008/118/EC号关于消费税的一般安排的指令规定适用的欧盟关境各地区之间与该两项指令规定不适用的各地区之间的欧盟货物贸易，或者该两项指令规定不适用的各地区之间的货物贸易。考虑到所涉及的货物是欧盟货物，并且考虑到此类核心措施在此类欧盟内部贸易中的国内税性质，有必要引入适用于这些货物的海关手续的简化措施。

（14）考虑到欧盟关境某些地区的特殊国内税制度，应授权欧盟委员会依照《里斯本条约》第二九〇条规定通过授权立法法案，规定对欧盟关境与这些地区之间的货物贸易适用的海关手续及海关检查。

（15）便利合法贸易和反瞒骗均需要简便、迅速且标准的海关监管程序，因此，建议根据2003年7月24日欧盟委员会发布的题为《海关及贸易的简化及无纸化环境》的公告，简化海关法律法规，允许使用现代化工具及手段，并进一步促进海关法律法规及海关检查的现代化手段的统一运用，从而有助于确保通关程序高效且简化。只要经济上合理，各项海关监管程序应合并或互相协调。海关监管程序的数量应减少，以增强企业的竞争力。

（16）内部市场的建成、国际贸易及投资的壁垒的削减，以及不断增加的欧盟外部边界的供应链安全的需要，改变了海关当局的职能作用，赋予海关在供应链中及在监管国际贸易方面起主导作用，使海关成为国家和企业竞争力的一副催化剂。因此，海关法律法规应反映新的经济现实、海关当局新的职能作用及新使命。

（17）2008 年 1 月 15 日，欧洲议会及欧盟理事会第 70/2008/EC 号《关于海关及贸易无纸化环境的决定》规定了信息及通讯技术应用的问题，确保了在贸易便利的同时提高海关检查的有效性，从而降低企业成本和社会风险。因此，有必要在本法典中建立一个能实施该决定的法律框架，特别是建立确定所有海关及贸易的作业都采用电子方式处理的法律原则，以及海关业务的信息及通讯系统在每个成员国应对经济从业人提供相同便利的法律原则。

（18）为确保海关及贸易无纸化环境，授权欧盟委员会依照《里斯本条约》第二九〇条规定通过立法授权法案，规定信息应用电子数据处理技术互换及存储方面的共同数据标准，确定可以使用其他手段互换及储存信息的特定情况及人工登记注册。在必需的电子系统上线运行前，可以作为过渡采用电子数据处理技术以外的其他手段，但不得迟于 2020 年 12 月 31 日。如果涉及集中通关，在必要的电子系统上线前，该项过渡性措施应当是继续按目前所称的“简化程序单一批准证书”的程序办理。

（19）信息及通讯技术的应用应伴随着成员国海关检查而实现协调化及标准化，以确保在全欧盟海关检查处于同等水平，从而不会在欧盟不同出入境地点发生反竞争行为。

（20）为了便利企业，同时对出入欧盟关境的货物保持适当的监管水平，应要求海关当局及其他参与海关检查的部门之间能共享经济从业人提供的信息，在共享时应考虑相关的数据保护法律规定。这些检查应相互协调，使经济从业人只需一次提供信息，并且货物由这些当局在同一时间及同一地点进行检查。

（21）为了便利企业，所有人应继续有权指定一名海关事务代理。但是，代理权只能在一个成员国法律框架下行使的现象不应再继续下去了。此外，符合能享受海关简化措施的“经认证的经济从业人”身份条件的关务代理，应有权在其注册的成员国以外的某成员国提供代理服务。作为一项规则，关务代理应在欧盟关境内注册，但关务代理为某个无须在欧盟关境内注册的人提供代理服务时，或在其他合理的情况下，可免于在欧盟关境内注册。

（22）所有涉及海关法律法规实施的海关决定，包括约束信息，应适用统一的规则。此类任何决定均应在全欧盟有效，并且除另有规定外，如果不符合海关法律法规及其解释，应被撤销、修改或收回。

（23）海关监管程序在电子化环境下的流畅运作需要各成员国的海关当局之间分担责任。有必要在整个内部市场上保持一个有效的、有震慑力的且宽严相济的处罚制度。

（24）守法、可信的经济从业人应获得“经认证的经济从业人”资格，并应获批准享受简化海关监管认证或（和）供应链安全认证。基于所批准的认证种类，“经认证的经济从业人”应能够获得广泛享受简化海关监管或供应链安全方面的便利优惠的最大优势。“经认证的经济从业人”还应该在海关检查方面享受更优惠的待遇，如更少的实货检查和单证检查程序。

（25）守法、可信的经济从业人应当享受“经认证的经济从业人”身份的国际互认。

（26）为确保海关当局保证海关法律法规正确实施的需要与经济从业人被公平待遇的权利这两者之间的平衡，海关当局的检查权应被强化，经济从业人应享有申诉权。

（27）根据《欧洲联盟基本权利宪章》规定，除对海关当局作出的任何决定有申请复议的权利外，有必要赋予相对人在对其不利的决定作出前发表意见的权利。但是，主要考虑到欧盟及其居民、动物及植物健康，环境或消费者安全受到威胁的性质和水平，应当对此权利有所限制。

（28）为使对欧盟及其贸易伙伴的风险降低到最小，各成员国进行的海关检查的统一，应当基于某个共同风险管理框架或为其实施所开发的电子系统。各成员国风险管理框架的建立不应当妨碍成员国通过随机方式对货物进行检查。

（29）为了保证统一且平等地对待海关手续及检查的相关人，授权欧盟委员会依照《里斯本条约》第二九〇条规定通过立法授权法案，规定在认定关务代理不需要在欧盟关境内注册的其他情况，以及管理海关当局所采取的措施的规则，包括涉及约束信息、“经认证的经济从业人”及简化海关监管的规则。

（30）有必要确定作为进口和出口关税及其他涉及货物贸易的措施的基础要素，也应当对在欧盟出具原产地证明（如果贸易有此要求）制定更详细的规定。

（31）为了完善作为进口和出口关税及其他涉及货物贸易的措施的基础要素，授权欧盟委员会依照《里斯本条约》第二九〇条规定通过立法授权法案，制定欧共体的货物原产地规则。

（32）要把出口环节海关债发生的所有情况（办理自由流通结或减税暂时进口后发生的除外）汇总起来，以避免在认定海关发生的法律基础方面遇到困难。出口环节海关债发生的情况也应依此办理。

（33）有必要规定海关债发生的地点及应补征进口或出口关税的地点。

（34）海关特定监管程序方面的规则应允许对所有特定监管程序使用一项担保，并且允许该担保是能涵盖多票业务的总担保。

（35）某些条件下，可批准低额的总担保，包括担保已发生的海关债及其他税费的总担保或免予担保的总担保。对已发生的海关债及其他税费的低额总担保，应等同于对相关的进口和出口关税税款提供全额的担保，特别是对相关货物的放行及税款入账。

（36）为保证为欧盟及其成员国的财政利益提供更好的保护，一项担保应涵盖它所担保的一票货物中或一票报关中未申报或申报不正确的货物。同理，担保人的承诺也应涵盖海关结关后检查要求补征的进口关税税款。

（37）为了保护欧盟及其成员国的财政利益及打击瞒骗，应进一步完善总担保的管理措施。如果瞒骗的风险增加，可以暂时禁止使用总担保，暂时禁止时应考虑相关经济从业人的具体情况。

（38）对因不遵守海关法律法规而发生的海关债，要考虑相关人的信用情况，以期将债务人疏忽大意的影响减少到最低限度。

（39）为了保护欧盟及其成员国的财政利益，并且为了进一步完善涉及海关债及其担保的规则，授权欧盟委员会依照《里斯本条约》第二九〇条规定通过立法授权法案，对海关债发生地点、进口或出口关税税额计算、税额担保及追缴、退税及不征税、海关债的灭失等作出规定。

（40）有必要制定确定欧盟货物的海关监管状态的原则及确定关于该监管状态丧失的情况，并且有必要为确定货物被临时运离欧盟关境时该监管状态的保留时限提供一个基础。

（41）为了保证欧盟货物在欧盟关境内自由移动和海关可对进入欧盟关境的非欧盟货物的监管，授权欧盟委员会依照《里斯本条约》第二九〇条规定通过立法授权法案，对货物的海关监管状态的认定、欧盟货物监管状态的丧失、临时运离欧盟关境的货物的监管状态的保留、对退返货物免税等作出规定。

（42）如果某经济从业人已事先提供了对货物可接受性进行以风险管理为基础的检查所需的信息，保证货物被快速放行应当成为一项普遍规则。税收及贸易政策的执法审查应当由主管海关办事处主要在经济从业人的办公地点处进行。

（43）报关及申请办理某项海关监管程序所适用的规则应当改进并简化，特别是其应作为一项普遍的规则规定，报关应实现电子化，简化报关只能有一种类型，并且可以在报关人业务账册中记账的形式办理报关。

（44）既然修改后的《京都公约》鼓励在货物到达前完成报关及海关

受理报关及审单作业，并且把货物实际所处的地点与办理报关的地点分开，因此，结关手续可以在经济从业人注册地点集中办理。

（45）应在欧盟层面制定海关当局销毁货物或用其他方式处置货物所适用的规则，因为过去这些事项都是各成员国法律规定的。

（46）为了进一步完善货物申请办理某项海关监管程序所适用的规则，并为了保证平等地对待所有相关人，授权欧盟委员会依照《里斯本条约》第二九〇条规定通过立法授权法案，制定报关及货物放行方面的规则。

（47）为了使经济从业人可以简便地选择正确的海关监管程序，并且为了避免差错并减少结关后补税和退税的数量，可在对每一项海关特定监管程序补充少量规则的基础上，制定各项海关特定监管程序共同适用且简单的规则。

（48）应鼓励批准用一项担保为多项海关特定监管程序提供担保并且鼓励由一个海关办理处负责监管，并且可对这些情况下发生的海关债制定简单的规则。基本原则应当是：按某项海关特定监管程序监管的货物或用这些货物加工所得的产品应当在海关债发生之时进行验估，但也可允许（如果经济上合理）在这些货物按某项海关特定监管程序监管时进行验估。同样的原则也应适用于对货物进行的简单处置。

（49）为了强化供应链安全方面的措施，货物按自由区监管程序监管应当成为一项海关监管程序，此类货物应当在入区时接受海关检查，而且海关也可对业务账册进行检查。

（50）鉴于复出口意向不再是一项必要条件，因此进口加工保税监管程序应与海关监管加工监管程序及进口加工退税程序合并。这项唯一的进口加工监管程序也应包括销毁货物监管，除非货物是由海关或在海关监视下销毁的。

（51）为了进一步完善海关特定监管程序所适用的规则，并且为保证平等地对待所有相关人，授权欧盟委员会依照《里斯本条约》第二九〇条规定通过立法授权法案，制定关于货物按特定监管程序监管、移动、简单处置、串换货物及程序核销所适用的规则。

（52）涉及运离欧盟关境的欧盟货物，供应链安全方面的措施应当同样适用于非欧盟货物的复出口。该相同的规则应适用于所有类型的货物，但在必要时可允许例外，比如对只通过欧盟关境过境的货物。

（53）为保证海关对出入欧盟关境货物的监管并执行供应链方面的措施，应授权欧盟委员会依照《里斯本条约》第二九〇条规定通过立法授权法案，制定进境申报及预出口申报方面的规则。

（54）为了进一步促进海关及贸易便利化，特别是通过使用最先进的工具及技术，应授权各成员国在某些条件下经过申请在一段有限的时期内试行用简化的方式实施海关法律法规，该可能性不得减损海关法律法规的有效性或给经济从业人带来新的义务。经济从业人可以在纯自愿的基础上参与试行。

（55）依照《欧洲联盟条约》第五条规定的均衡原则，有必要且可以为实现使关税同盟有效运作及执行共同贸易政策的基本目标，对出入欧盟关境的货物制定总的规则及监管程序。依照《欧洲联盟条约》第五条 4 款第一项规定，本条例不得超越为实现这些目标所必需的范围。

（56）为了简化并合理化海关法律法规，欧盟自主法律中所包含的若干规定出于透明的需要，应并入本法典。1991 年 12 月 19 日欧盟理事会第（EEC）3925/91 号《关于取消适用于乘坐欧盟内航班的人托运及手提行李物品及搭乘欧盟内行驶船舶的人的行李物品的海关检查及手续的条例》，2001 年 6 月 11 日欧盟理事会第（EC）1207/2001 号《关于方便依照欧盟及某些国家之间优惠贸易规定出具欧盟货物原产地证明及出具某些经批准的出口人批准证书的程序的条例》，第（EC）450/2008 号条例因此予以废止。

（57）本条例制定的立法权授权及实施权授权的规定，以及对费用及成本的规定应从本条例生效之日起适用，其他规定应从 2016 年 6 月 1 日起适用。

（58）本条例不得影响欧盟按《里斯本条约》第十五条 3 款规定通过的加入文件所适用的现行的或将来的规则。

（59）欧盟委员会应尽力确保本条例规定的立法权授权及实施权授权在本条例生效之日前有效率地生效，以保证各成员国按时实施本条例。

特通过本条例。

第一编

总　则

第一章　海关法律法规适用范围、海关职能及定义

第一条　内容及范围

1. 本条例制定《欧盟海关法典》（以下称本法），规定进出欧盟海关关境（以下称“欧盟关境”）的货物所适用的总规则及程序。

除国际法、国际公约及欧盟其他特定领域的新时期立法另有规定外，本法在欧盟关境全境统一适用。

2. 海关法律法规的部分规定可在某些特定领域或国际公约框架下在欧盟关境以外适用。

3. 欧盟第 2006/112/EC 号指令①或欧盟第 2008/118/EC 号指令规定适用的欧盟关境各地区之间与该两项指令不适用的各地区之间的欧盟货物贸易，或者该两项指令不适用的各地区之间的货物贸易，应适用海关法律法规的部分规定，包括其规定的简化措施。

第二条 立法权授权

授权欧盟委员会按本法第二八四条规定通过授权立法法案，在不影响关键税收征管措施的正确实施条件下，制定适用于本条 1 款规定所指的欧盟货物贸易的报关、证明海关监管状态、采用欧盟内部转关监管程序方面的海关法律法规及其简化措施。此类法律可规定仅涉及一个成员国的欧盟货物贸易的个别情况。

第三条 海关职能

海关当局应主要负责监管欧盟的国际贸易，以促进贸易公平和开放，树立内部市场、共同贸易政策及其他对贸易有影响的欧盟共同政策的对外形象及供应链的整体安全。海关当局应当保证特别是以下措施的有效实施：

---

① 欧盟法的法律渊源，可以分为基础性法律渊源（primary sources）和派生性法律渊源（secondary sources）。前者主要包括欧盟的基础条约及后续条约，以及欧洲法院通过司法实践形成的一般法律原则。后者主要包括欧盟理事会和欧盟委员会的条例、指令、决定，以及建议或意见。在欧盟法整个法律体系中，指令是最为独特的一种立法形式。条例和指令都是约束欧盟成员国的立法文件，但是，条例与指令存在以下区别。首先，条例具有全面的约束力，这种全面的约束力，不仅表现在按其规定的所需取得的特定结果上，而且也表现在取得该特定结果所须采取的方式和措施等各个方面；指令没有全面的约束力，仅在其所欲达到的目标上有约束力，而在实现该目标的方式和方法上，则没有约束力。这是条例与指令最主要的区别。其次，条例适用于欧盟所有成员国，而指令仅适用于其所发向的成员国。指令所发向的成员国，可以是一个，也可以是几个或全部。在某些情况下，欧盟部长理事会亦可向欧盟委员会发出指令。再次，条例具有直接适用性。条例一经颁布实施，立即生效，自然成为各成员国法的一部分，不需要也不允许各成员国立法机构转化为国内法，除非条例本身是如此规定的。但是，根据《欧洲共同体条约》的规定，指令不具有直接适用性。指令与决定也有明显的区别。首先，指令只能向成员国作出，包括部分成员国和全部成员国；而决定既可以向成员国作出，也可以向自然人或法人作出。其次，指令仅在其所欲达到的特定目标上有约束力，而决定对其接收者具有全面的约束力。也就是说，决定所发向的特定对象，应当完全按照决定的规定去行为。

（a）保护欧盟及其成员国的财政利益的；

（b）保护欧盟免受不公正和非法贸易的损害，支持合法贸易活动的；

（c）确保欧盟及其居民安全、保护环境的，必要时与其他当局密切合作；

（d）保持海关监管与便利合法贸易之间的正确平衡的。

第四条　海关关境

1. 欧盟关境由下列领土（包括其领水、内水和领空）组成：

——比利时王国领土；

——保加利亚共和国领土；

——捷克共和国领土；

——丹麦王国领土，法罗群岛和格陵兰岛除外；

——德意志联邦共和国领土，墨尔戈兰岛和布辛根地区（《德意志联邦共和国—瑞士联邦 1964 年 11 月 23 日条约》）除外；

——爱沙尼亚共和国领土；

——爱尔兰共和国领土；

——希腊共和国领土；

——西班牙王国领土，休达和梅利利亚地区除外；

——法兰西共和国领土，《里斯本条约》第四节规定适用的法国海外领土除外；

——克罗地亚共和国领土；

——意大利共和国领土，利维涅奥、堪皮澳那岛及卢加诺湖湖岸及位于蓬蒂—特雷萨和波尔多·塞里西奥地区政治边界之间意大利领水部分除外；

——塞浦路斯共和国领土，符合《2003 年加入法案》规定的；

——拉脱维亚共和国领土；

——立陶宛共和国领土；

——卢森堡大公国领土；

——匈牙利领土；

——马耳他领土；

——在欧洲的荷兰王国领土；

——奥地利共和国领土；

——波兰共和国领土；

——葡萄牙共和国领土；

——罗马尼亚领土；

——斯洛文尼亚共和国领土；

——斯洛伐克共和国领土；

——芬兰共和国领土；

——瑞典王国领土；

——大不列颠及北爱尔兰联合王国领土、海峡群岛及马恩岛领土。

2. 下列在成员国领土以外的地区，包括领水、内水及领空，根据有关公约及条约规定，应被视为欧盟关境的组成部分。

（a）法国

摩纳哥领土，1963 年 5 月 18 日在巴黎签署的海关公约所定义的领土（1963 年 9 月 27 日，《法兰西政府公报》第 8679 页）；

（b）塞浦路斯

阿克罗蒂里及德科利业英属基地区，按《关于建立塞浦路斯共和国条约》规定定义的［1960 年 8 月 16 日在尼科西亚签署，英国条约系列编号第 4 号（1961）Cmnd. 1252］。

第五条 定义

适用本法规定时，应使用下列定义：

（1）“海关当局”，指各成员国负责实施海关法律法规的海关管理机关及任何由本国法律授权实施某些海关法律法规的当局；

（2）“海关法律法规”，指立法机构制定的以下法律：

（a）欧盟或成员国制定的《欧盟海关法典》及其实施法规；

（b）《共同海关税则》[①]；

（c）建立欧盟关税免税制度的法律法规；

（d）订有海关条款的国际协定，在欧盟适用的。

（3）“海关检查”，指海关当局实施的具体执法行为，旨在确保符合海关法律法规及欧盟关境内与欧盟以外国家或地区之间流动的货物进口、出口、转口、移位、存储及最终用途，以及非欧盟货物和按最终用途监管程序办理的货物在欧盟关境内存储及流动方面的其他法律法规；

（4）“人”，指某自然人、某法人，以及任何非法人但欧盟及本国法律认可具有法律行为能力的社团；

（5）“经济从业人”，指在其从业过程中参与海关法律法规所涉及活动的人；

（6）“关务代理”，指在与海关当局交往中受他人委托办理海关法律法规规定事务及手续的人；

（7）“风险”，指某事件发生的可能性及其影响，涉及欧盟关境内与欧盟以外国家或地区之间流动的货物进口、出口、转口、移动、存储及最终用途，以及非欧盟货物在欧盟关境内存储会出现下列情况的：

（a）阻碍欧盟或成员国行政措施的正确实施；

（b）危害欧盟及其成员国的财政利益；

（c）危及欧盟及其居民的安全，人类、动物或植物健康，环境或消费者安全。

（8）“海关手续”，指某人和海关当局为遵守海关法律法规必须办理的事务；

（9）“进境申报”，指某人按规定的格式及方式并在规定时期内通知海关当局货物即将被运入欧盟关境的行为；

（10）“出境申报”，指某人按规定的格式及方式并在规定时限内报告海关当局货物即将被运离欧盟关境的行为；

---

① 欧共体以关税同盟为基础，对内取消成员国之间的关税，对来自非成员国的进口货物实行统一的共同对外关税率，称为《共同海关税则》。

（11）“临时存放申报”，指某人按规定的格式及方式表示货物正处于临时存放监管状态的行为；

（12）“正式报关①”，指某人按规定的格式和方式表示希望货物按某项具体海关监管程序办理，并表示申请任何特定安排的行为（指需要时）；

（13）“复出口申报”，指某人按规定的格式和方式表示希望把非欧盟货物（不包括按自由区监管程序监管的或处于临时存放监管状态的非欧盟货物）运离欧盟关境的行为；

（14）“复出口报告”，指某人按规定的格式和方式表示希望按自由区监管程序监管的或处于临时存放监管状态的非欧盟货物运离欧盟关境的行为；

（15）“报关人”，指以本人名义或者以在所递交的报关单或通知单上签名的人的名义办理正式报关、临时存放申报、进境申报、出境申报、复出口申报、复出口报告的人；

（16）“海关监管程序”，指货物按本法规定的下列任何一项监管程序监管：

（a）自由流动结关；

（b）特定监管程序；

（c）正式出口。

（17）“临时存放”，指非欧盟货物从向海关呈验后至按某项海关监管程序监管或复出口的时间段中在海关监管下临时存放的状态；

（18）“海关债”，指某人依照欧盟现行法律规定缴纳对某一具体货物应征的进口或出口关税的义务；

（19）“海关债务人”，指对某笔海关债负有清偿义务的人；

（20）“进口关税”，指对货物进口所征收的海关税；

（21）“出口关税”，指对货物出口所征收的海关税；

（22）“海关监管状态”，指欧盟货物监管状态或非欧盟货物监管状态；

---

① 也称报关，相当于我国海关通常的报关业务，本译文中为区别其他形式的申报，使用“正式报关”的名称。

（23）“欧盟货物”，指以下类别：

（a）完全在欧盟关境内获得的，货物中不含从不属于欧盟关境组成部分的国家或地区进口的货物；

（b）从不属于欧盟关境组成部分的国家和地区进口并按自由流动结关的货物；

（c）在欧盟关境内仅从本款（b）项规定的货物，或者仅从本款（a）项及（b）项规定的货物获得或生产的货物。

（24）“非欧盟货物”，指本条（23）款规定的货物以外的其他货物，或者已丧失欧盟货物监管状态的货物；

（25）“风险管理”，指系统识别的风险，包括通过随机检查及实施防范风险所必需的所有措施；

（26）“货物放行”，指海关当局允许管理相对人按其所办理的海关监管程序规定的用途得到货物的执法行为；

（27）“海关监管”，指一般由海关当局完成的旨在保证海关法律法规及其他法律适用于应受海关监管的货物的执法行为；

（28）“退税”，指退还已收取的进口或出口关税；

（29）“不征不退”（简称“不征税”），指免除缴纳进口或出口关税的义务；

（30）“加工所得产品”，指经过加工的货物；

（31）“在欧盟关境内注册的人”，指：

（a）在欧盟居住的自然人；

（b）在欧盟设有已注册的办事处、业务总部或常驻贸易机构的法人或法人团体。

（32）“常驻贸易机构”，指有固定营业场所，人力和技术资源长期存在，并通过某人办理海关全部或部分手续的机构；

（33）“呈验货物”，指在海关当局或在海关当局指定的任何其他地点向海关报告货物的运抵，并且海关可以检查这些货物；

（34）“货物持有人”，指货物的所有人，或拥有相似的处置货物权利的人，或实际控制货物的人；

（35）“海关监管程序的相对人”，指：

（a）本人或以本人名义办理正式报关的人；

（b）某项海关监管程序项下的权利和义务所转移至的人。

（36）“贸易政策措施”，指以欧盟国际贸易法规的形式存在，作为共同贸易政策所制定的非关税措施；

（37）“加工”，指如下处置：

（a）对货物进行装配，包括安装、组装或装配到其他货物上；

（b）对货物进行加工；

（c）销毁货物；

（d）对货物进行修理，包括修复、组装；

（e）使用在加工产品中不存在，但可允许或方便这些产品的生产的货物（耗料），无论这些货物是否在加工过程中被全部或部分消耗。

（38）“产率”，指一定数量的产品按某种生产工序加工后，所获得的产品的数量或百分比；

（39）“海关决定”，是指依据海关法律法规就某一具体情事作出决定的行为，此类行为对某个或更具体更明确的人具有法律效力；

（40）“承运人”，指：

（a）进口时，携带或承运货物进入欧盟关境的人。但是：

（i）组合运输情况下“承运人”指操作运输工具的人，该运输工具一旦被驶入欧盟关境，便作为主动的运输工具可自行移动；

（ii）按船舶共用协议或承运协议的海运或空运情况下，“承运人”是为将货物实际运入欧盟关境而签订合同并制发海运提单或空运提单的人。

（b）出口时，将货物运离欧盟关境的人或承担该项运输责任的人。但是：

（i）组合运输情况下，驶离欧盟关境的主动运输工具如果仅作为另一个运输工具，在主动运输工具到达抵运地后，将作为主动的工具自行移动，“承运人”指在驶离欧盟关境的运输工具将到达运抵地时操作该主动运输工具的人；

（ii）按船舶共用协议或承运协议的海运或空运情况下，“承运人”是为将货物实际运离欧盟关境而签订合同并制发海运提单或空运提单的人。

（41）“买方佣金”，是指由进口人付给代理人作为代理其购买被估价货物的一笔费用。

第二章　海关法律法规项下人的权利及义务

第一节　提供信息

第六条　信息互换及存储的手段及共用数据标准

1. 海关法律法规规定需要的所有信息，如报关单、申请书或决定，在各国海关当局之间及经济从业人与海关当局之间交换时，以及此类信息存储时，应采用电子数据处理技术。

2. 本条 1 款规定的信息互换及存储应制定共用数据标准。

3. 下列情况下，可采用本条 1 款规定的电子数据处理技术以外的下列信息存储及交换手段：

（a）作为永久性的，贸易类型有正当理由可以使用的，或者相关的海关手续无法采用电子数据处理技术办理的；

（b）作为临时性的，海关当局或经济从业人出现临时电脑系统故障。

4. 作为本条 1 款规定的例外，欧盟委员会可作为特案作出决定，准许某个或多个成员国采用本条 1 款规定所指的电子数据处理技术以外的信息互换及存储手段。

此类决定应由提出请求的成员国用特定情况说明理由，例外的准许必须规定具体时限。例外应定期接受审查，享受例外待遇的成员国提出申请时，该时限可延展。如不再有充分的理由，例外应予收回。

例外不得影响作为享受例外待遇的成员国与其他成员国之间的信息互换，也不得影响在其他成员国旨在实施海关法律法规的信息互换及存储。

第七条 立法权授权

授权欧盟委员会按本法第二八四条规定通过授权立法法案，规定：

（a）本法第六条 2 款规定所指的共用数据标准，规定时应考虑办理海关法律法规规定的海关手续的需要及本法第六条 1 款规定所指的信息互换及存储的性质及目的；

（b）可按本法第六条 3 款（a）项规定采用本条 1 款规定所指的电子数据处理技术以外的信息互换及存储手段的特定情况；

（c）本法第一四八条 4 款及本法第二一四条 1 款规定所指的业务账册应包含的信息种类及详细情况。

第八条 实施权授权

1. 欧盟委员会应通过授权实施法案，规定：

（a）本法第六条 2 款规定所指的共用数据标准的格式及代码（需要时）；

（b）采用本法第六条 3 款规定所指的电子数据处理技术进行的信息互换及存储的程序性规则。

该项授权实施法案应按本法第二八五条 4 款规定的审查程序批准。

2. 欧盟委员会应通过授权实施法案，作出本法第六条 4 款规定所指的例外决定。

该项授权实施法案应按本法第二八五条 2 款规定的审查程序批准。

第九条 注册登记

1. 在欧盟关境内注册的经济从业人，应向注册所在地主管海关当局登记。

2. 在特定情况下，未在欧盟关境内注册的经济从业人，应向第一次办理报关或申请海关决定所在地主管海关当局登记。

3. 除另有规定外，不得要求经济从业人以外的其他人向海关当局登记。

本款上段规定所指的人被要求登记时，应适用以下规定：

（a）在欧盟关境内注册的，向注册所在地主管海关当局登记；

（b）未在欧盟关境内注册的，向第一次办理报关或申请海关决定所在地主管海关当局登记。

4. 特定情况下，海关当局应废止登记。

第十条　立法权授权

授权欧盟委员会按本法第二八四条规定通过授权立法法案，规定：

（a）本法第九条 2 款规定的要求未在欧盟关境注册的经济从业人向海关当局登记的情况；

（b）本法第九条 3 款第一段规定的要求经济从业人以外的其他人向海关当局登记的情况；

（c）本法第九条 4 款规定的海关当局废止登记的情况。

第十一条　实施权授权

欧盟委员会应通过授权实施法案，指定负责本法第九条规定所指登记的海关当局。

该项授权实施法案应按本法第二八五条 4 款规定所指的审查程序批准。

第十二条　信息公开及数据保护

1. 海关当局对其履职过程所需要的具有保密性质或按保密方式提供的信息，应承担保守职业秘密的义务。除本法第四十七条 2 款另有规定外，未经信息提供人或当局的特许，主管当局不得披露此类信息。

但是，海关当局如果按现行法律规定，特别是关于数据保护或与法律诉讼相关的法律规定，有此义务或获此授权时，可在无特许情况下披露此类信息。

2. 本条 1 款规定所指的保密信息可向欧盟关境以外国家或地区的海关当局或其他主管当局提供，以便与这些国家或地区在国际协定或欧盟在共同贸易政策领域立法的框架内开展海关合作。

3. 本条 1 款及 2 款规定所指的任何信息的披露或提供，应当保证有适当的数据保护措施以完全符合现行的数据保护法律规定。

第十三条 补充信息的互换

1. 海关当局与经济从业人之间可互相交换海关法律法规未作专门要求提供的任何信息，特别是旨在风险识别及应对方面的互相合作的。此类互换可通过签署书面协议，并可以包括允许海关当局进入经济从业人的计算机系统。

2. 一方向另一方在本条1款规定所指的合作过程中提供的信息，除双方同意外，属于保密信息。

第十四条 海关当局提供信息

1. 任何人可要求海关当局提供海关法律法规实施方面的信息。此类要求如果不涉及某一项实际要考虑的国际货物贸易方面的活动，可被拒绝。

2. 海关当局应当与经济从业人及其他参与国际货物贸易的当局保持定期对话，他们应当（如果可行）免费并使用互联网提供海关法律法规、普遍适用的行政裁定书及申请书表格，以提高透明度。

第十五条 向海关当局提供信息

1. 直接或间接参与办理海关手续或海关检查的人，应按海关当局的要求，在规定时限内，以某种适当的形式，向海关当局提供所有要求提供的文件及信息，以及所有为办理这些手续或完成这些监管的必要协助。

2. 向海关当局办理正式报关、临时存放申报、进境申报、出境申报、复出口申报、复出口报告，或申请某项海关许可或海关决定的人，应成为负有以下责任的相关人：

（a）保证报关、报告或申请的准确、完整；

（b）保证报关、报告或申请的随附文件的真实、准确及有效；

（c）履行将相关货物按某项海关监管程序监管或开展所批准的业务时所产生的义务（有此必要时）。

本款（a）项规定同样适用于海关当局要求提供的或向其提供的信息的情形。

报关或报告、申请或信息，如果由本法第十八条规定所指的相关人的关务代理办理或作出、提交或提供，该关务代理也应当履行本款（a）项规定所指的义务。

第十六条　电子系统

1. 各成员国应与欧盟委员会合作，开发、维护和应用用于各国海关当局之间及海关当局与欧盟委员会之间按本法规定进行的信息互换及存储的电子系统。

2. 享有按本法第六条4款规定批准的例外的成员国，在其例外的范围内，不应被要求开发、维护和使用本条1款规定的电子系统。

第十七条　实施权授权

欧盟委员会应通过授权实施法案，规定本法第十六条1款规定所指的电子系统的开发、维护和应用的技术安排。

该项授权实施法案应按本法第二八五条4款规定的审查程序批准。

第二节　关务代理

第十八条　关务代理

1. 任何人都可指定一名关务代理。

代理形式可以是直接的，直接代理时该关务代理应以他人的名义或代表他人办理海关事务；也可以是间接的，间接代理时关务代理人应以本人名义但代理他人办理海关事务。

2. 关务代理应在欧盟关境内注册。

除另有规定外，关务代理如果代理不被要求在欧盟关境内注册的人办理海关事务，该项要求可以免除。

3. 成员国可依照欧盟法律规定，规定关务代理在其注册的成员国提供服务的条件。但是，除有关成员国规定有较为宽松的标准外，符合本法第三十九条（a）项至（d）项规定所指条件的关务代理，应当有资格在其注册的成员国以外的成员国提供此类服务。

4. 成员国可将按本条3款第一句规定确定的条件适用于未在欧盟关境内注册的关务代理。

第十九条 代理权授权

1. 关务代理在办理海关事务时，应申明其正在代理其委托人，并明确是直接代理或间接代理。

未申明以关务代理身份办理海关事务的人，或申明其以关务代理身份办理海关事务但无此项授权的，应视为是以自己的名义并代表自己办理海关事务。

2. 海关当局可要求申明关务代理身份办理海关事务的人提供被代表人对其的授权证据。

特定情况下，海关当局可不要求提供该证据。

3. 只要其在海关当局提出要求时能提供该证据，海关当局可不要求长期以关务代理身份办理海关事务的人每次都提供代理授权的证据。

第二十条 立法权授权

授权欧盟委员会按本法第二八四条规定通过授权立法法案，规定：

（a）本法第十八条2款第二段规定所指的要求可以免除的情况；

（b）本法第十九条2款第一段规定所指的海关当局不要求提供代理授权证据的情况。

第二十一条 实施权授权

欧盟委员会应通过授权实施法案，规定本法第十八条3款规定所指的代理资格的授予及证明的程序性规则。

该项授权实施法案应按本法第二八五条4款规定的审查程序批准。

第三节 关于海关法律法规适用的行政决定

第二十二条 依请求作出决定

1. 请求对海关法律法规的适用作出决定的人，应向主管海关当局提供为使其能作出决定所需的所有信息。

一项海关决定可根据海关法律法规所规定的条件由数人提出请求并适用于多人。

除另有规定外，主管海关当局应当是请求人用于海关事务的主要账户开设或可进入的地点的海关当局，以及将要执行的决定所涉及的至少部分业务所在地点的海关当局。

2. 海关当局应立即并且最迟在收到决定请求后 30 天内，核查该请求是否符合受理条件。

海关当局如果认定请求中含有作出决定所需的所有信息，应在本款上一段规定的时限内告知请求人请求已被受理。

3. 主管海关当局应作出本条 1 款规定所指的决定，除另有规定外，应立即并且最迟在请求受理之日起的 120 天内通知请求人。

海关当局无法遵守作出决定的规定时限时，应当在该时限到期前通知请求人，说明理由并提出作出决定需要延长的时间。除另有规定外，延长的时间不得超过 30 天。

除本款第二段另有规定外，如果请求人请求延期以为了确保满足该条件及标准进行适当调整，海关当局可按海关法律法规规定延长作出决定的时限。此类调整及调整所需的延期应报告海关当局，由其作出延期的决定。

4. 除海关决定或现行立法中有专门规定外，海关决定应于请求人收到或被视为收到之日起生效。除本法第四十五条 2 款规定的情况外，已作出的决定应从当日起可由海关当局强制执行。

5. 除海关法律法规另有规定外，海关决定没有有效期限制。

6. 海关当局作出某项不利于请求人的决定前，应将作出该决定的依据告知请求人，请求人应有机会在规定时限内（自收到通知之日或被视为收到通知之日起）表达其观点。该时限到期时，海关决定将以适当形式通知请求人。

本款第一段规定不适用以下情况：

（a）涉及本法第三十三条 1 款规定所指的决定的；

（b）本法第五十六条 4 款第一段规定所指的拒绝给予关税配额优惠的，如果特定的关税配额限量已用完；

（c）对欧盟及其居民的安全，对人类、动物或植物的卫生及环境或消费者的威胁性质及程度有此要求的；

（d）旨在保证另一项本款第一段已适用的决定执行的决定的，除有关成员国法律另有规定外；

（e）将妨害已发起的反瞒骗调查的；

（f）其他特定情况的。

7. 不利于请求人的海关决定应阐明依据，并告知其本法第四十四条规定的申诉权。

第二十三条 依请求作出的决定的管理

1. 海关决定的相对人应当履行海关决定项下的义务。

2. 海关决定作出后，决定的相对人应立即向海关当局报告决定作出后出现的会影响决定的规定及其继续执行的任何因素。

3. 在除其他法律中另有关于决定无效或失效的规定外，对不符合海关法律法规规定的决定，作出决定的海关当局可随时撤销、修改或收回。

4. 特定情况下，海关当局应：

（a）重新评估一项决定；

（b）中止一项未撤销、修订或收回的决定。

5. 海关当局应监控决定的相对人是否符合决定的条件及标准，以及决定项下的义务是否得以遵守。如果决定的相对人为注册在 3 年以下的，海关当局应密切关注决定作出后的第 1 年。

第二十四条 立法权授权

授权欧盟委员会按本法第二八四条规定通过授权立法法案，规定：

（a）例外于本法第二十二条 1 款规定的情况；

（b）本法第二十二条 2 款规定所指的请求的受理条件；

（c）作出一项具体决定的时限，包括可能的时限，本法第二十二条 3 款规定的；

（d）本法第二十二条 4 款规定所指的决定不是于请求人收到或被视为收到之日起生效的情况；

（e）本法第二十二条 5 款规定所指的决定不是无限期有效的情况；

(f) 本法第二十二条6款第一段规定所指的时限的长度;

(g) 本法第二十二条第6款第二段(f)项规定不向请求人提供表达观点的机会的特定情况;

(h) 按本法第二十三条4款规定重新评估及中止决定的情况及规则。

第二十五条　实施权授权

欧盟委员会应通过授权实施法案,规定以下事项的程序性规则:

(a) 本法第二十二条1款及2款规定所指决定请求的提出及受理;

(b) 按本法第二十二条规定作出决定,包括在适当情况下与有关成员国磋商;

(c) 按本法第二十三条5款规定监控决定;

该项授权实施法案应按本法第二八五条4款规定的审查程序批准。

第二十六条　决定在欧盟全关境有效

除某项其法律效力限于某个或几个成员国的决定外,涉及欧盟立法适用的决定在欧盟全关境有效。

第二十七条　撤销有利于相对人的决定

1. 符合下列所有条件的,海关当局应撤销所作的有利于相对人的决定:

(a) 决定是根据不正确或不完整的资料作出的;

(b) 决定的相对人知道或理应知道该信息不正确或不完整;

(c) 依据正确及完整信息不会作出如此决定。

2. 决定撤销应当告知决定的相对人。

3. 除决定中按海关法律法规另有规定外,撤销应于原决定生效之日起生效。

第二十八条　收回及修改有利于相对人的决定

1. 除本法第二十七条另有规定外,下列情况下有利于相对人的决定应予收回或修改:

(a) 采取该决定的一项或多项条件不再具备;

(b) 该决定的相对人请求收回或修改。

2. 除另有规定外，适用数人的有利于相对人的决定只能对某个未履行义务的相对人收回。

3. 收回及修改应告知决定的相对人。

4. 本法第二十二条 4 款应适用决定的收回及撤销。

但是，在决定的相对人的合法利益有需要的情况下，海关当局可推迟决定的收回或修改的生效日期，但最长不得超过 1 年。该日期须在撤销或修改决定中注明。

第二十九条　无事先请求的决定

除海关当局以司法机关的身份执法外，在相关人无事先请求作出的决定时，应适用本法第二十二条 5 款、6 款及 7 款，第二十三条 3 款，第二十六条，第二十七条和第二十八条规定。

第三十条　对按某项海关程序监管或临时存放的货物的决定的限制

除相关人提出要求外，收回、修改或中止某项有利于相对人的决定，在该收回、修改或中止生效之时，不得根据收回、修改或中止的决定规定影响已经按或仍按某项海关监管程序监管的或临时存放的货物。

第三十一条　立法权授权

授权欧盟委员会按本法第二八四条规定通过授权立法法案，规定：

(a) 本法第二十八条 2 款规定所指的适用多人的有利于相对人的决定，可以对某个未履行义务的相对人以外的相对人收回的情况；

(b) 本法第二十八条 4 款第二段规定海关当局可以推迟决定收回或修改生效日期的特定情况。

第三十二条　实施权授权

欧盟委员会应通过授权实施法案，规定对有利于相对人的决定的撤销、收回或修改的程序性规则。

该项授权实施法案应按本法第二八五条 4 款规定的审查程序批准。

第三十三条　涉及约束信息的决定

1. 海关当局应当根据请求作出涉及税则归类约束信息的决定（归类决定），或原产地认定约束信息的决定（原产地决定）。

海关当局不受理有以下情形的请求：

（a）对相同货物的决定的相对人本人或委托他人正在或已经向同一或另一个海关办事处，在同样的原产地认定情况下，请求作出涉及原产地认定约束信息的决定；

（b）请求事项与将作出涉及税则归类约束信息的决定或涉及原产地认定约束信息的决定或某项海关监管程序无关。

2. 涉及税则归类约束信息的决定或涉及原产地认定约束信息的决定，应限于按以下规定对该货物的税则归类或原产地认定具有约束力：

（a）对海关当局相对于决定的相对人具有约束力，限于决定生效之日后办理海关手续的货物；

（b）对决定的相对人相对于海关当局具有约束力，限于相对人收到或视为收到决定的告知之日起生效。

3. 涉及税则归类约束信息的决定或涉及原产地认定约束信息的决定自生效之日起 3 年内有效。

4. 请求作出涉及税则归类约束信息的决定或涉及原产地认定约束信息的决定时，决定的相对人应举证证明：

（a）如果请求作出涉及税则归类约束信息的决定，所申报货物与决定中所描述的货物在各方面相同；

（b）如果请求作出涉及原产地认定约束信息的决定，相关货物及认定原产地获得的情况与决定所描述的在各方面相同。

第三十四条　涉及约束信息的决定的管理

1. 涉及税则归类约束信息的决定，因下列任何一项原因不再符合法律规定，应从修正案或措施生效之日起，在本法第三十三条 3 款规定所指的时限结束前停止有效：

（a）通过了一项对本法第五十六条 2 款（a）项及（b）项规定所指的商品分类目录的修正法案；

（b）采取了本法第五十七条 4 款规定所指的措施。

2. 涉及原产地认定约束信息的决定，遇有以下情况时，应在本法第三十三条 3 款规定所指的时限结束前终止效力：

（a）批准了某项条例或缔结了某项协议并适用于欧盟，使该涉及原产地认定约束信息的决定从该条例或协议生效之日起不再符合已制定的相关法律；

（b）不再符合世界贸易组织的《原产地规则协议》的规定，或不再符合欧盟通过的解释该协议的注释或某个原产地意见的规定，从该规定在《欧盟官方公报》上公布之日起。

3. 涉及税则归类约束信息的决定或涉及原产地认定约束信息的决定停止有效时不停止追溯效力。

4. 作为本法第二十三条 3 款及第二十七条规定的例外，根据请求人提供的不准确或不完整的信息作出的涉及税则归类约束信息的决定或涉及原产地认定约束信息的决定应予撤销。

5. 涉及税则归类约束信息的决定或涉及原产地认定约束信息的决定应按本法第二十三条 3 款及本法第二十八条规定收回。但是，此类决定不得根据决定的相对人的请求收回。

6. 涉及税则归类约束信息的决定或涉及原产地认定约束信息的决定不得更改。

7. 下列情况下，海关当局应撤销涉及税则归类约束信息的决定：

（a）因下列原因不再符合本法第五十六条 2 款（a）项及（b）项规定所指的任何一套商品分类目录的注释：

（i）1987 年 7 月 23 日欧盟理事会第（EEC）2658/87 号《关于税则和统计商品分类目录分类及〈共同海关税则〉的条例》第九条 1 款（a）项第二目注释的规定，自《欧盟官方公报》公布之日起；

（ii）欧洲法院[①]的某项判决，自该判决的判决部分在《欧盟官方公报》上公布之日起；

（iii）根据 1950 年 12 月 15 日在布鲁塞尔制定的《关于建立海关合作

① 简称“欧盟法院”，为欧洲联盟的法院系统之总称，与各个欧盟成员国的国内法院合作，确保欧盟法律在欧盟各国间能够有统一的解释和适用。欧盟法院设在卢森堡。

理事会的公约》规定设立的海关合作理事会通过的《商品分类编码协调制度》的归类决定、归类意见及或对注释的修改，自在《欧盟官方公报》（专刊C）的《欧盟委员会通讯》上公布之日起。

（b）其他特定情况。

8. 下列情况，涉及有约束力的原产地信息的决定应予撤销：

（a）决定不再符合欧盟法院某项判决的规定，自该判决的判决部分在《欧盟官方公报》上公布之日起；

（b）其他特定情况。

9. 适用本条1款（b）项或2款、7款或8款规定时，涉及税则归类约束信息的决定或涉及原产地认定约束信息的决定可仍适用按该决定签订的，并且在该决定停止有效或被收回之前签订的有约束力的合同。对准备出口的货物作出的涉及原产地认定约束信息的决定不得延期使用。

本款第一段规定所指的延期适用不得超过6个月，该时限从涉及税则归类约束信息的决定或涉及原产地认定约束信息的决定被废止或被收回之日起计算。但是，本法第五十七条4款或第六十七条规定所指的某项措施可规定不适用该延期规定或规定一个较短的延期。对在办理海关手续时已提交了进口或出口证明的货物，该6个月时限应由证明的有效期取代。

决定的相对人为享受涉及税则归类约束信息的决定或涉及原产地认定约束信息的决定的延期适用的优惠，应在决定不再有效或被收回之日起30天内向海关当局提出请求，并注明在所请求的延期适用的时限内的货物数量及在该时限期间将报关的货物所在的成员国（一个或数个）。海关当局应在收到作出决定需要的所有信息之日起立即并最迟在30天内对延期适用作出决定并通知决定的相对人。

10. 下列情况下，欧盟委员会应通知海关当局：

（a）暂停作出涉及税则归类约束信息的决定或涉及原产地认定约束信息的决定，涉及其税则归类或原产地认定的正确性及统一性不能得到保证的货物的；

（b）本款（a）项规定所指的暂停被撤回。

11. 欧盟委员会为确保税则归类或原产地认定的正确性及统一性，可通过决定要求成员国收回涉及税则归类约束信息的决定或涉及原产地认定约束信息的决定。

第三十五条 考虑其他因素的涉及有约束信息的决定

特定情况下，海关当局应根据请求，考虑本法第二编规定所指的作为所请求的货物进口或出口关税及其他贸易措施依据的其他因素，作出涉及有约束信息的决定。

第三十六条 立法权授权

授权欧盟委员会按本法第二八四条规定通过授权立法法案，规定：

（a）本法第三十四条 7 款（b）项及第三十四条 8 款（b）项规定所指的收回涉及税则归类约束信息的决定或涉及原产地认定约束信息的决定的特定情况；

（b）本法第三十五条规定所指的考虑作为所请求的货物进口或出口关税及其他贸易措施依据的其他因素作出涉及有约束信息的决定的特定情况。

第三十七条 实施权授权

1. 欧盟委员会应通过授权实施法案，规定以下事项的程序性规则：

（a）涉及按本法第三十四条 9 款规定适用被作废或被收回的涉及税则归类约束信息的决定或涉及原产地认定约束信息的决定的；

（b）涉及欧盟委员会按本法第三十四条 10 款（a）项及（b）项规定应通知的海关当局的；

（c）涉及决定停止有效后适用本法第三十五条规定所指的决定及按本法第三十六条（b）项规定认定的；

（d）涉及本法第三十五条规定暂停决定实施及按本法第三十六条（b）项规定认定和通知暂停或撤回暂停的。

该项授权实施法案应按本法第二八五条 4 款规定的审查程序批准。

2. 欧盟委员会应通过授权实施法案，决定要求成员国收回：

（a）本法第三十四条 11 款规定所指的决定；

（b）本法第三十五条规定所指的决定及按本法第三十六条（b）项规定作出的认定。

该项授权实施法案应按本法第二八五条2款规定的审查程序批准。

按书面程序获得的本法第二八五条1款规定所指的欧盟委员会的意见，应适用本法第二八五条6款规定。

第四节　经认证的经济从业人

第三十八条　申请及批准

1. 在欧盟关境内注册的经济从业人，符合本法第三十九条规定所指的条件的，可申请“经认证的经济从业人”身份。

海关当局应会同其他主管当局批准此身份（如果有此必要）。该身份应受海关监督。

2. “经认证的经济从业人”身份应包括下列几项认证：

（a）对“经认证的经济从业人”享受简化海关监管的认证，使相对人按海关法律法规规定享受某些简化手续；

（b）对“经认证的经济从业人”的供应链安全①的认证，使相对人有资格享受供应链安全方面的便利。

3. 本条2款规定的两项认证可同时获得。

4. 除本法第三十九条、第四十条及第四十一条另有规定外，“经认证的经济从业者”身份，所有成员国海关当局应予认可。

5. 根据对“经认证的经济从业人”对简化海关监管的认证并且如果海关法律法规规定的特定的简化海关监管的条件具备，海关当局应批准该从业人享受该项简化海关监管优惠。海关当局在授予“经认证的经济从业

---

① 为应对“9·11恐怖袭击事件”，世界海关组织制定了很多国际标准，其中包括著名的《世界海关组织全球贸易安全与便利的标准框架》。该框架建议通过预先提交货物信息、应用风险管理、使用非侵入式货物扫描设备、推广“经认证的经营者”项目，以及推广海关之间、海关及其贸易界利益相关方之间的伙伴关系来努力推动供应链安全。

人”身份时不应重新审查这些已经审查过的条件。

6. 本条2款规定所指的“经认证的从业人”在所认证的种类的海关监管方面应享受较其他经济从业人更优惠的待遇，包括更少的实际监管及单证监管。

7. 在欧盟关境以外国家或地区注册的经济从业人，如果符合并遵守这些国家或地区有关立法所规定的条件及义务，只要这些条件及义务被欧盟认可为与对在欧盟关境内注册的“经认证的经济从业人”规定的条件及义务相等，海关当局应给予其享受“经认证的经济从业人”的优惠。除欧盟另有决定外，该优惠的给予应基于互惠原则，并且应有国际协议或在共同贸易政策方面的欧盟立法支持。

第三十九条 授予身份

授予“经认证的经济从业人”身份的标准如下：

（a）没有任何严重违反或没有屡次违反海关法律法规及税收规定，包括申请人在经济活动中无严重犯罪记录；

（b）申请人能证明，他对海关检查的贸易及运输账册（如果需要）能进行适当的管理，他对其业务及货物流有高水平的控制能力；

（c）申请人具有良好财务状况证明的偿付能力，使其能履行义务，适当考虑相关类贸易活动的特点；

（d）与所进行的活动直接相关的实际能力标准或专业资格，涉及本法第三十八条2款（a）项规定的认证时；

（e）适当的供应链安全标准，涉及本法第三十八条2款（b）项规定的认证时。如果申请人能证明其始终保持适当的措施来确保国际供应链安全，包括物理完整性及进入控制，物流操作流程方面，以及对特定类型的货物、人员的处理及对其贸易伙伴的身份识别，可视为符合供应链安全标准。

第四十条 立法权授权

授权欧盟委员会按本法第二八四条规定通过授权立法法案，规定：

（a）本法第三十八条2款（a）项规定所指的简化海关监管；

（b）本法第三十八条2款（b）项规定所指的便利措施；

（c）本法第三十八条6款规定所指的更优惠的待遇。

第四十一条　实施权授权

欧盟委员会应通过授权实施法案，规定本法第三十九条规定所指的标准的适用方式。

该项授权实施法案应按本法第二八五条4款规定的审查程序批准。

第五节　处　罚

第四十二条　处罚的适用

1. 各成员国应对不遵守海关法律法规规定的，予以处罚。处罚应当有效、适当并有相当的惩戒作用。

2. 适用行政处罚时，成员国可选择以下一项处罚或两罚并处：

（a）海关当局处以罚款，包括以罚代刑（如果适当）；

（b）收回、终止或修改对相关人的认证。

3. 本条规定适用之日（按本法第二八八条2款规定认定）起180天内，成员国应向欧盟委员会通报按本条1款规定制定的本国处罚规定，在此之后任何影响这些规定的修改均应立即向欧盟委员会通报。

第六节　复　议

第四十三条　司法当局的决定

本法第四十四条及第四十五条规定不适用旨在撤销、收回或修改由司法当局或海关作为司法当局作出的关于海关法律法规适用决定的复议申请。

第四十四条　申诉权

1. 任何人均有权对海关当局作出的与其直接并且单独有关的海关法律法规适用的决定申请复议。

任何人向海关当局申请作出决定但在本法第二十二条3款规定的时限内未得到所申请的决定的，也有权申请复议。

2. 复议至少可以分为两个步骤：

（a）第一步，向海关当局或司法当局或成员国为此专门指定的其他机构申请复议；

（b）第二步，按成员国现行法律规定向更高一级的独立机构申请复议，该机构可以是某个司法当局或某个具有相同职能的专门机构。

3. 复议申请应在作出决定的或所适用的成员国提出。

4. 成员国应确保复议程序能使海关当局作出的决定迅速被确认或纠正。

第四十五条　中止执行

1. 申请复议不中止执行有争议的决定。

2. 但是，海关当局如果有充分理由相信有争议的决定不符合海关法律法规规定或恐怕会对相关人造成不可弥补的损失，应中止执行全部或部分该决定的规定。

3. 在本条2款规定所指的情况下，如果有争议的决定具有会造成征收进口关税或出口关税的效力，该决定的中止执行应以提供担保为条件，除非根据书面证明认定该担保很可能会造成海关债务人的严重经济或社会困难。

第七节　检查货物

第四十六条　风险管理与海关检查

1. 海关当局可执行任何他们认为有必要的海关检查。

海关检查包括：查验货物，提取货样，核查报关单或报告所载信息是否准确和完整，核查随附文件是否存在及内容是否真实、准确或有效，检查经济从业人的账户和其他账册，检查运输工具，检查人随身携带的行李物品及其他物品，并执行口头询问和其他类似的行为。

2. 海关检查，除随机抽查外，应主要以应用电子数据处理技术进行的风险分析为根据，以便根据在本国、欧盟甚至在国际层面上开发的标准识别和评估风险并制定必要的应对措施。

3. 建立共同风险管理框架，基于各国海关当局之间互换风险信息及风险分析结果，制定共同风险标准、检查措施及重点查验领域，并在此框架内进行海关检查。

基于此类信息及标准的检查不得影响其他按本条 1 款或其他现行规定进行的检查。

4. 海关当局应进行风险管理，区分海关应检查或监管的货物的风险程度，并确定应进行特别海关检查的货物及地点（如果应进行特别海关监管）。

风险管理应包括：收集数据及信息，分析并评估风险，诊断并采取行动，并且根据国际、欧盟、本国的资源及战略，定期监控及审查该方法及其效果。

5. 下列情况下，各海关当局之间应互换风险信息和风险分析结果：

（a）风险被某国海关当局认定为重大的并需要海关检查的，而且检查结果证实引发风险的事件已经发生；

（b）检查结果没有证实引发风险的事件已经发生，但有关国家海关当局认为在欧盟其他地点存在着高风险的威胁。

6. 建立本条 3 款规定所指的共同风险管理框架、风险标准、检查措施及重点查验领域时，以下因素应予考虑：

（a）风险的平衡性；

（b）必须进行海关检查的紧迫性；

（c）对个别成员国的贸易流及海关检查资源的影响。

7. 本条 3 款规定所指的共同风险标准应包括以下各项：

（a）风险的描述；

（b）风险的因素或指数，用于选择海关应检查的货物或经济从业人的；

（c）海关当局进行检查的性质；

（d）本款（c）项规定所指的海关检查的持续时间。

8. 重点查验领域应包括：在一定的时期内应加大风险分析及海关检查力度的具体某个海关监管程序、货物种类、交通路线、运输方式或经济从业人，重点检查领域的选择不得影响海关当局通常进行的其他检查。

第四十七条　当局之间合作

1. 对同一货物，如果除海关需要检查外，其他主管当局也需要检查，海关当局应与其他主管当局密切合作并发挥牵头协调作用，在可能情况下，在同一时间及同一地点实施该项检查（一站式检查①）。

2. 在本节规定所指的海关检查的框架下，海关当局与其他主管当局可以在监控风险和反瞒骗需要时，彼此之间及分别与欧盟委员会之间互换他们获取的涉及非欧盟货物及按最终用途监管程序监管的货物，包括邮件，在欧盟关境与非欧盟关境国家之间进口、出口、转口、移动、存储及最终用途的数据及监控结果。海关当局与欧盟委员会之间也可为确保海关法律法规的统一实施互换此类数据。

第四十八条　结关后检查

货物结关后，为进行海关检查，海关当局可检查报关单或报告所载信息是否准确和完整，随附文件是否存在、真实、准确或有效，可以检查报关人的财务账目，以及涉及被查货物的业务或与该货物有关的贸易业务（之前及之后的）的账册。如果仍有可能，海关当局还有权查验该货物及/或提取货样。

该项检查可在货物持有人或其代理，或者任何直接或间接地作为从业人参与这些活动的人，以及其他任何因执业需要持有这些文件及数据的其他人的所在地进行。

第四十九条　欧盟内的航空及海上服务

1. 对在欧盟内航空或欧盟内海上服务的人的随身携带或托运的行李物

---

① 相当于我国目前推行的关检“一次申报、一次查验、一次放行”中的“一次查验”。

品，海关检查或手续必须在海关法律法规对此有规定时才可以进行或办理。

2. 本条 1 款规定的适用不得影响下列任何一项检查：

（a）安全检查；

（b）与禁止或限制措施相关的检查。

第五十条　实施权授权

1. 欧盟委员会应通过授权实施法案，确保海关检查的统一实施，包括本法第四十六条 3 款规定的风险信息及风险分析结果的互换、共同风险标准、检查措施及重点查验领域。

该项授权实施法案应按本法第二八五条 4 款规定的审查程序批准。

为了迅速采取这些措施，如果为使共用风险管理框架能迅速更新并适应风险信息的交换和分析、共同风险标准、检查措施及重点查验领域迅速适应风险的变化的有正当需求，欧盟委员会应立即根据本法第二八五条 5 款规定的程序通过授权实施法案。

本法第二八五条 1 款规定所指的欧盟委员会的意见如应按书面程序获得时，应适用本法第二八五条 6 款规定。

2. 欧盟委员会应通过授权实施法案，规定海关检查及手续按本法第四十九条规定所指的港口或机场所在地适用以下物品：

（a）以下人的随身及托运行李物品：

（i）搭乘来自某非欧盟机场的飞机的人，该飞机在某欧盟机场中途停留后继续飞往另一个欧盟机场；

（ii）搭乘在某欧盟机场中途停留后继续飞往某非欧盟机场的飞机的人；

（iii）使用同一艘船舶提供的海上服务的人，该船舶的连续航程中包含一个非欧盟港口；

（iv）游艇及旅游或公务飞机上的人。

（b）以下人的随身及托运行李物品：

（i）搭乘来自某欧盟机场到达的飞机后转机登上另一架在欧盟内执飞

的飞机的人；

（ii）在某欧盟机场登上一架在欧盟内执飞的飞机并在另一欧盟机场转机登上另一架飞往某非欧盟机场的飞机的人。

该项授权实施法案应按本法第二八五条4款规定的审查程序批准。

第八节 文件及其他信息的保存、费用及成本

第五十一条 文件及其他信息保存

1. 相关人应当以海关当局可以获得和可以接受的任何方法，保存本法第十五条1款规定所指的文件及信息至少3年以接受海关检查。

除本款第三段规定所指的按自由流动结关的货物或按正式出口监管程序监管的货物外，该时限应从货物办理自由流动结关或正式出口的报关被接受的当年年底起开始计算。

对按最终用途免税或减税自由流动结关的货物，该时限从海关对货物结束监管的当年年底起开始计算。

按其他海关监管程序监管的货物或临时存放的货物，该时限从相关监管程序的核销手续办结或临时存放结束的当年年底起开始计算。

2. 除本法第一〇三条4款另有规定外，如果对某笔海关债的海关检查显示相关的入账被更正并且已将该更正通知相关人，该文件及信息应在本条1款规定的时限到期后另保存3年。

对已申请的复议或法院正在进行的诉讼，该文件及信息应按本条1款规定的时限保存或保存至复议程序或法院诉讼终止之时（取两个时间中较后者）。

第五十二条 费用及成本

1. 海关当局在其主管海关办事处办公期间，进行海关检查或执行其他海关法律法规规定时不得收取费用。

2. 提供特殊服务时，特别是下列情况下，海关当局可收取费用或收回提供服务的成本：

（a）海关工作人员因需要在办公时间之外出勤或到海关办公地点之外的地点出勤；

（b）对货物的化验分析或专家报告，以及将货物退回申请化验分析申请人的邮递费，特别是按本法第三十三条规定作出决定的，或按本第十四条1款规定提供信息的；

（c）旨在查验的货物检验或取样，或销毁货物，如果涉及使用海关工作人员的成本之外的成本；

（d）采用特别的检查措施，因货物的性质或某个可能发生的风险而必须采取的。

第三章　货币换算及时间限制

第五十三条　货币换算

1. 因以下某个原因需要进行货币换算时，主管当局应发布并（或）通过互联网公布适用的汇率：

（a）由于确定货物海关估价时所考虑的要素是使用某种非确定海关估价的成员国货币来表示的；

（b）由于欧元的价值需要以本国货币来计算以确定货物在《共同海关税则》中的税则归类，计征进口和出口关税，包括执行最低限价。

2. 如果在本条1款规定的原因外需要进行货币换算，海关法律法规框架内应适用的用本国货币表示的欧元价值每年应至少确定一次。

第五十四条　实施权授权

欧盟委员会应通过授权实施法案，规定本法第五十三条1款及2款规定所指的货币换算的规则。

该项授权实施法案应按本法第二八五条4款规定的审查程序批准。

第五十五条　时间段、日期及时限

1. 除另有规定外，海关法律法规规定的某个时间段、某个日期或某个时限，其时间段不得延长或缩短，其日期及时限不得推迟或结转。

2. 除海关法律法规另有规定外，时间段、日期及时限的确定适用1971年6月3日欧盟理事会第（EEC，EURATOM）1182/71号《关于时间段、日期及时限的确定规则的条例》规定。

第二编

适用货物贸易进口或出口关税及其他措施所依据的因素

第一章　《共同海关税则》及货物的税则分类

第五十六条　《共同海关税则》及海关监管

1. 进口和出口关税按《共同海关税则》规定征收。

欧盟对某些涉及货物贸易的特定领域规定的其他措施，如条件允许，应按该货物的税则归类执行。

2. 《共同海关税则》包括以下各项：

（a）欧盟理事会第（EEC）2658/87号条例规定的《合并商品分类目录》①；

（b）全部或部分基于《合并商品分类目录》或在其项下增加子目的的其他商品分类目录，以及由欧盟对某些特定领域的规定所建立的旨在对货物贸易实施关税措施的商品分类目录；

（c）《合并商品分类目录》所涵盖的货物所适用的常规或普通关税；

（d）欧盟与欧盟关境以外的国家或地区或这些国家或地区的集团签订的协议中包含的优惠关税措施；

---

① 指该条例规定创立的，同时适应《共同海关税则》及欧盟对外贸易统计需要的一种商品分类目录，其包括：（1）协调制度商品分类目录；（2）欧盟在该商品分类目录条目下增加的订有税率的子目；（3）基本规定、补充章节及脚注。

（e）欧盟单方面制定的针对欧盟关境以外的国家或地区或这些国家或地区的集团的优惠关税措施；

（f）给予某些货物减免税优惠的自主措施；

（g）对特定货物（因其性质或最终用途）的关税优惠待遇，在本款（c）项至（f）项或（h）项规定的措施的框架内的；

（h）欧盟农业、贸易或其他立法规定的其他关税措施。

3. 有关货物符合本条2款（d）项至（g）项规定的措施的所列条件时，根据申报人的请求，应适用这些规定中所指而非该款（c）项规定所指的措施。该项适用的规定，只要符合相关措施或本法中规定的时限及条件，可具有追溯效力。

4. 本条2款（d）项至（g）项规定的措施的适用或本款（h）项规定的措施的免予适用，应限于一定数量的进口或出口。在关税配额条件下，该项适用或免予适用的规定，应于规定进口或出口数量达到时立即终止。

有关税上限时，该项适用的规定按欧盟授权立法法案规定终止。

5. 按自由流动结关或正式出口放行货物时，如果适用本款1款及2款规定的措施，对该结关可进行海关监管。

第五十七条 货物的税则归类

1. 适用《共同海关税则》时，货物的税则归类应指对应归类的货物在《合并商品分类目录》中确定一个子目或细目。

2. 适用非关税措施时，货物的税则归类应指对应归类的货物在《合并商品分类目录》，或其他任何按欧盟规定建立的商品分类目录，或其他任何全部或部分基于《合并商品分类目录》的商品分类目录，或在其下增加细目的商品分类目录中确定一个子目或细目。

3. 按本条1款及2款规定确定的子目或细目，应被用于适用于该子目项下的措施的目的。

4. 欧盟委员会可制定按本条1款及2款规定确定货物的税则归类的措施。

第五十八条 实施权授权

1. 欧盟委员会应通过授权实施法案，制定统一管理本法第五十六条4

款规定所指的关税配额及关税上限，以及管理本法第五十六条5款规定所指的对自由流动或正式出口放行进行海关监管的措施。

该项授权实施法案应按本法第二八五条4款规定的审查程序批准。

2. 欧盟委员会应通过授权实施法案，制定本法第五十七条4款规定所指的措施。

该项授权实施法案应按本法第二八五条4款规定的审查程序批准。

根据这些措施的紧迫性及为迅速确保《合并商品分类目录》的正确和统一适用，欧盟委员会应立即根据本法第二八五条（5）款规定程序通过授权实施法案。

本法第二八五条1款规定所指的欧盟委员会的意见如应按书面程序获得时，应适用本法第二八五条6款规定。

第二章　货物的原产地

第一节　非优惠原产地

第五十九条　适用范围

以下非优惠原产地的认定规则应适用本法第六十条至第六十一条规定：

（a）《共同海关税则》，但不包括本法第五十六条2款（d）项及（e）项规定所指的优惠关税措施；

（b）欧盟对某些涉及货物贸易的特定领域的规定中规定的非关税措施；

（c）欧盟其他涉及原产地的措施。

第六十条　原产地获得

1. 完全在某个国家或地区获得或生产的货物，其原产地为该国家或地区。

2. 在多个国家或地区生产的货物，其原产地为该货物在一家装备有专门设备的企业接受最后一道有经济价值的实质性处理或加工的国家或地区，货物加工后应获得某种新产品或加工有明显的表现改变。

第六十一条 原产地证明

1. 对按海关法律法规规定在报关时申报的原产地，海关当局可要求报关人证明货物的原产地。

2. 对按海关法律法规或其他欧盟在特定领域的单项立法规定递交的货物的原产地证明，海关当局如有理由怀疑的，可要求提供确保原产地的申报符合有关欧盟立法制定的规则所需的补充证据。

3. 根据贸易需要，证明原产地的文件可由在欧盟按现行原产地规则规定的收货国家或地点，或使用任何其他方法识别货物被完全获得或接受最后一道实质性加工所在的国家出具。

第六十二条 立法权授权

授权欧盟委员会按本法第二八四条规定通过授权立法法案，制定认定货物的非优惠原产地以适用本法第五十九条规定所指的欧盟措施的规则，该项认定应是按本法第六十条规定认定货物是否在唯一一个国家或地区境内完全获得，或者是否在一家装备有专门设备的企业接受最后一道有经济价值的实质性处理或加工工序，并且货物加工后应获得某种新产品或加工程度有明显改变的国家或地区获得。

第六十三条 实施权授权

欧盟委员会应通过授权实施法案，制定本法第六十一条规定所指的原产地证明的提供及审查的程序性规则。

该项授权实施法案应按本法第二八五条4款规定的审查程序批准。

第二节　优惠原产地

第六十四条　货物的优惠原产地

1. 享受本法第五十六条 2 款（d）项或（e）项规定所指的措施或非关税优惠措施的货物，必须遵守本条 2 款至 5 款规定所指的优惠原产地规则。

2. 享受与欧盟关境之外某些国家或地区或与这些国家或地区的集团签署的协议规定的优惠措施的货物，必须遵守这些协定中规定的优惠原产地规则。

3. 对享受欧盟单方面制定的针对欧盟关境以外国家或地区或这些国家或地区的集团的优惠措施的货物（不包括本条 5 款规定所指的货物），欧盟委员会应采取措施制定优惠原产地规则。

此类规则应以完全获得标准①或足够加工的标准②为依据。

4. 对享受欧盟关境和休达及梅利利亚地区之间贸易所适用的优惠措施（列入《1985 年加入法案》2 号议定书的）的货物，应按该议定书第九条

---

① “完全获得标准”是认定货物原产地的重要标准，指完全在一个国家生产或制造的货物。如《中华人民共和国进出口货物原产地条例》规定，“完全在一个国家（地区）获得的货物”是指“（一）在该国（地区）出生并饲养的活的动物；（二）在该国（地区）野外捕捉、捕捞、搜集的动物；（三）从该国（地区）的活的动物获得的未经加工的物品；（四）在该国（地区）收获的植物和植物产品；（五）在该国（地区）采掘的矿物；（六）在该国（地区）获得的除本条第（一）项至第（五）项范围之外的其他天然生成的物品；（七）在该国（地区）生产过程中产生的只能弃置或者回收用作材料的废碎料；（八）在该国（地区）收集的不能修复或者修理的物品，或者从该物品中回收的零件或者材料；（九）由合法悬挂该国旗帜的船舶从其领海以外海域获得的海洋捕捞物和其他物品；（十）在合法悬挂该国旗帜的加工船上加工本条第（九）项所列物品获得的产品；（十一）从该国领海以外享有专有开采权的海床或者海床底土获得的物品；（十二）在该国（地区）完全从上述第（一）项至第（十一）项所列物品中生产的产品。”

② “足够加工的标准”是根据货物在生产加工过程中是否发生变化来判定是否经过足够的加工，通常用于有多个国家加工制造的货物的原产地认定。本法中，足够加工的标准是：在一家装备有专门设备的企业接受一道有经济价值的实质性处理或加工，并且货物加工后应获得某一新产品或加工程度明显提高。

规定制定优惠原产地规则。

5. 对享受与欧盟有联系的海外国家及领土的特惠安排中规定的优惠措施的货物，应按《里斯本条约》第二〇三条规定制定优惠原产地规则。

6. 欧盟委员会可主动或根据受惠国家或地区的要求，准许该国家或地区对某些货物临时不适用本条3款规定所指的优惠原产地规则。

临时不适用应有以下一项正当理由：

（a）因内部或外部因素临时地使受惠国家或地区无法遵守优惠原产地规则；

（b）受惠国家或地区需要一定的时间才能遵守这些规则。

相关受惠国家或地区应书面向欧盟委员会提出不适用的请求。请求中应陈述本款第二段规定所指的为什么请求不适用的理由，并应附有适当的证明文件。

临时不适用应限制在造成它的内部或外部因素的持续时间内，或者限制在受惠国家或地区能遵守这些规则所需的时限内。

临时不适用被批准后，相关受惠国家或地区应遵守向欧盟委员会提供信息的要求，提供临时不适用的使用及临时不适用的数量管理信息。

第六十五条　立法权授权

授权欧盟委员会按本法第二八四条规定通过授权立法法案，制定本法第六十四条3款规定所指的优惠原产地规则。

第六十六条　实施权授权

欧盟委员会应通过授权实施法案，制定：

（a）本法第六十四条1款规定所指的便于在欧盟认定货物的优惠原产地的规则；

（b）本法第六十四条6款规定所指的准许受惠国家或地区临时不适用的措施。

该项授权实施法案应按本法第二八五条4款规定的审查程序批准。

第三节 特定货物的原产地认定

第六十七条 欧盟委员会制定措施

欧盟委员会应制定对特定货物按其适用的原产地规则认定原产地的措施。

第六十八条 实施权授权

欧盟委员会应通过授权实施法案，制定本法第六十七条规定所指的措施。该项授权实施法案应按本法第二八五条 4 款规定的审查程序批准。

根据该措施的紧迫性及根据确保原产地规则正确和统一实施的正当要求，欧盟委员会应按本法第二八五条 5 款规定的程序立即制定适用的授权实施法案。

本法第二八五条 1 款规定所指的欧盟委员会的意见如应按书面程序获得时，应适用本法第二八五条 6 款规定。

第三章 货物的海关估价

第六十九条 适用范围

为适用《共同海关税则》及涉及货物贸易特定领域方面的欧盟法律规定的非关税措施，货物的海关估价应按本法第七十条及第七十四条规定确定。

第七十条 基于成交价格的海关估价方法

1. 货物的海关估价的主要依据是货物的成交价格，即货物作为向欧盟关境出口销售的实付或应付（必要时经过调整的）价格。

2. 实付或应付价格指买方为购买进口货物直接或间接支付的总金额，即作为卖方销售进口货物的条件，由买方向卖方或为履行卖方指定的义务向第三方已付或应付的全部款项。

3. 符合以下所有条件的价格即为成交价格：

（a）买方对货物的处置或使用不受任何限制，但下列限制除外：

（i）欧盟法律或公共当局规定的限制；

（ii）对货物转售的地理限制；

（iii）对货物的海关价格无实质性影响的限制。

（b）货物的销售或价格不受某些其价格在被估价货物中无法确定的条件或因素的影响；

（c）除进行适当调整外，买方货物转售、处置或使用产生的收益没有直接或间接返回给卖方；

（d）买卖双方之间没有特殊经济关系①，或者虽然有，但不影响价格。

第七十一条　成交价格要素

1. 按本法第七十条规定确定海关估价时，下列费用应计入进口货物的实付或应付价格：

（a）由买方支付但未包括在货物实付或应付价格中的下列费用：

（i）佣金和经纪费，买方佣金除外；

（ii）集装箱成本，海关征税时被视为与有关货物构成一体的；

（iii）包装成本，包括手工或器材费用。

（b）未包括在实付或应付价格中的下列物品或服务的价格，由买方直接或间接免费或减价提供，在进口货物作为出口的生产和销售中使用并按比例摊入进口货物成交价格的：

（i）进口货物本身所含原材料、元器件、零部件及类似物；

（ii）进口货物生产中使用的工具、模具及类似物；

（iii）进口货物生产中消耗掉的原材料；

（iv）在欧盟境外完成并且是进口货物生产所必需的工程管理、技术开发、技术研究、设计和绘图工作。

（c）特许权使用费，作为被估价货物销售的一项条件规定买方必须直

---

① 即我国海关法律法规中所称的“关联关系”。

接或间接支付的，与被估价货物有关但没有包括在实付或应付价格中的；

（d）转售、处置或使用进口货物所产生的收益中直接或间接返还给卖方的价格；

（e）货物被运入欧盟关境的下列成本费用；

（i）进口货物运至欧盟关境入境地点的运输费及保险费；

（ii）与进口货物运输有关的装货费及搬运费。

2. 按本条规定计入实付或应付价格的各项成本或价格，应按客观可量化的数据计算。

3. 不属于本条规定所列的成本或价格，不得在确定海关估价时计入实付或应付价格。

第七十二条　成交价格不应包含的要素

海关按本法第七十条规定确定海关估价时，不应将下列费用计入海关估价：

（a）货物运抵欧盟关境输入地点之后的运输费用；

（b）建筑物、机器或设备等进口货物进口后进行建设、安装、装配、维修或技术援助的费用；

（c）所有涉及某项融资协议项下产生的并与进口货物采购有关的利息费用，不论该项融资是否由卖方提供，只要该融资协议是书面的而且买方在有要求时能够证明符合下列条件的：

（i）该货物确实以申报的实付或应付的价格销售；

（ii）相关利率不超过该类成交在提供货款的国家的当时最高利率。

（d）为获取进口货物在欧盟关境内再制造的权利而支付的费用；

（e）买方佣金；

（f）货物进口或销售在欧盟关境内征收的进口关税或其他税费；

（g）买方为获取批发或转售进口货物权利的付款，作为本法第七十一条1款（c）项规定的例外，如果该付款不是货物销售出口到欧盟的一项条件。

第七十三条　简化手续

海关当局接受报关之日如果应按特定标准确定的金额无法确定，可以根据请求采取以下金额：

（a）按本法第七十条2款规定应计入海关估价的金额；

（b）本法第七十一条及第七十二条规定所指的金额。

第七十四条 海关估价的辅助方法

1. 货物的海关估价无法按本法第七十条规定确定时，应按顺序使用本条2款（a）项至（d）项规定中第一项可以确定该海关估价的规定确定海关估价。但本条2款（c）项与（d）项的使用顺序在报关人提出请求时可以颠倒。

2. 按本条1款规定确定的海关估价应当是：

（a）作为向欧盟出口而销售的并与被估价货物同时或大约同时出口的相同货物的成交价格；

（b）作为向欧盟出口而销售的并与被估价货物同时或大约同时出口的相似货物的成交价格；

（c）以进口货物或者相同进口货物或相似进口货物在欧盟关境内以最大批量向与某一独立买方[①]销售时的单价为基础确定的价格；

（d）按下列成本或价格总额确定的计算价格：

（i）进口货物生产过程所使用的原材料及生产或其他加工处理的成本或价格；

（ii）相当于出口国生产者作为向欧盟出口而销售与被估价货物同一类货物时通常加入的利润及一般费用；

（iii）本法第七十一条1款（e）项规定所指的各项成本或价格。

3. 海关估价无法按本条第1款规定确定时，应依据欧盟关境内可获得的数据，使用符合下列法律文件中规定的原则及一般规定的合理方法确定海关估价：

（a）《关于实施关税贸易总协定第七条的协议》；

（b）《关税贸易总协定》第七条；

---

① 指与卖方没有特殊经济关系的买方。

（c）本章规定。

第七十五条　立法权授权

授权欧盟委员会按本法第二八四条规定通过授权立法法案，规定本法第七十三条规定所指的批准的审批条件。

第七十六条　实施权授权

欧盟委员会应通过授权实施法案，规定下列事项的程序性规则：

（a）按本法第七十条1款及2款、第七十一条及第七十二条规定确定海关估价的，包括对实付或应付价格的调整；

（b）应用本法第七十条3款规定所指的条件的；

（c）确定本法第七十四条规定所指的完税价格的。

该项授权实施法案应按本法第二八五条（4）款规定的审查程序批准。

第三编

海关债及担保

第一章　海关债的发生

第一节　进口环节海关债

第七十七条　自由流动结关及暂时进口监管程序

1. 按以下海关监管程序监管的非欧盟货物，进口时应发生海关债：

（a）自由流动结关，包括按最终用途自由流动结关；

（b）按部分免除进口关税暂时进口监管程序监管。

2. 海关债发生时间为相关报关接受之时。

3. 报关人应当是海关债务人。属于间接代理的，使用其名义办理报关的人也应当是海关债务人。

办理本条 1 款规定所指的一项海关监管程序的报关，如果根据会导致应征的关税全部或部分未予征收，办理报关所需信息的提供人如果知道或应当知道该信息为虚假信息的，也应当是海关债务人。

第七十八条　对非欧盟原产货物的特殊规定

1. 对于使用根据欧盟与欧盟以外某些国家或地区或这些国家或地区的集团之间签订的某项优惠安排规定出具的原产地证明的原材料生产制造的非欧盟原产货物，如果对其规定有禁止退还或减免进口关税的规定，在该货物的复出口报关被接受时，应发生一笔海关债。

2. 按本条 1 款规定发生海关债时，该海关债项下的进口关税税额，应按同一日接受非欧盟原产地货物为终止进口加工监管程序监管转为按自由流动结关的报关时发生的海关债的同样情况确定。

3. 本法第七十七条 2 款及 3 款规定应适用。但是，对本法第二七〇条规定所指的非欧盟原产地货物，办理复出口报关的人应当是海关债务人。属于间接代理的，使用其名义办理报关的人也应当是海关债务人。

第七十九条　因不合规发生的海关债

1. 进口关税应税货物，如未遵守以下规定应于进口时发生海关债：

（a）海关法律法规中对非欧盟货物运入欧盟关境、解除海关监管、移动、处置、存储、临时存放、暂时进口或使用规定的任何一项义务；

（b）海关法律法规在对货物在欧盟关境内最终用途规定的任何一项义务；

（c）对非欧盟货物按某项海关监管程序监管或按其最终用途享受免征或减征进口关税待遇的条件。

2. 海关债发生的时间应当是：

（a）不履行或中止履行导致海关债发生的义务时；

（b）货物按某项海关监管程序监管的报关被接受后，被认定为实际上不符合按该项海关监管程序监管或按该最终用途享受免征或减征进口关税待遇的条件时。

3. 在本条 1 款（a）项及（b）项规定所指的情况下，海关债务人必须是：

（a）任何被要求履行相关义务的人；

（b）任何作为应履行义务的人的代理并且知道或者应当知道没有履行海关法律法规规定的义务的人，或者参与导致没有履行义务行为的人；

（c）任何获得或持有相关货物并且知道或者应当知道没有履行海关法律法规规定的义务的人。

4. 在本条 1 款（c）项规定所指的情况下，海关债务人应当是被要求遵守货物按某项海关监管程序监管的条件，或被要求遵守办理某项海关监管程序或办理按其最终用途享受免征或减征进口关税待遇的报关的条件的人。

对本条1款（c）项规定所指的办理某项海关监管程序的报关，向海关提供按该监管程序监管方面的海关法律法规规定要求提供的信息的人，如果他所提供的信息导到关税全部或部分漏征，提供办理报关所需信息的人及知道或者按理应当知道该信息是虚假的人，也应当是海关债务人。

第八十条 扣除已缴纳的进口关税税款

1. 对按自由流动结关或按其最终用途减税结关的货物，按本法第七十九条1款规定发生海关债时，货物按自由流动结关时已缴纳的进口关税税款应从该海关债项下的进口关税税款中扣除。

上段规定应适用对该货物销毁时产生的废碎物发生的海关债。

2. 对按减征进口关税暂时进口监管程序监管的货物，按本法第七十九条1款规定发生海关债时，在该程序项下缴纳的进口关税税款应从该海关债项下的进口关税税款中扣除。

第二节 出口环节海关债

第八十一条 正式出口及出口加工

1. 出口环节海关债通过货物按应征出口关税的正式出口程序监管或按出口加工监管程序监管发生。

2. 海关债于接受报关时发生。

3. 报关人应当是海关债务人。属于间接代理的，使用其名义办理报关的人也应当是海关债务人。

任何人向海关提供作为办理报关依据的信息导致出口关税全部或部分漏征的，并且他知道或者应当知道该信息是虚假的，也应当是海关债务人。

第八十二条 因不合规发生的海关债

1. 出口关税应税货物，如未遵守以下规定应于出口时发生海关债：

（a）海关法律法规对货物出口规定的某项义务；

（b）准许货物全部或部分免除出口关税运离欧盟关境的条件。

2. 海关债发生的时间应当是：

（a）货物在未向海关申报情况下实际运离欧盟关境之时；

（b）货物到达准许货物全部或部分免除出口关税而指定的目的地以外的某个目的地之时；

（c）对提供证据证明该项减税优惠的条件已经满足所规定时限到期之时，如果海关当局无法确定本款（b）项规定所指的时间。

3. 在本条1款（a）项规定所指的情况下，海关债务人应当是：

（a）任何被要求履行相关义务的人；

（b）任何作为应履行义务的人的代理并且知道或者应当知道海关法律法规规定的义务没有被履行的人；

（c）任何参与导致没有履行海关法律法规规定的义务的行为，并且知道或者应当知道该义务没有被履行的人。

4. 在本条1款（b）项规定所指的情况下，海关债务人应当是被要求遵守准许货物全部或部分免除出口关税运离欧盟关境所规定的条件的人。

第三节　在进口及出口环节发生的海关债共同适用的规定

第八十三条　禁限规定

1. 货物无论是否应按任何一种进口或出口禁限规定管制，均发生进口及出口环节海关债。

2. 但是，下列情况不发生海关债：

（a）假货币非法进入欧盟关境；

（b）麻醉药品及精神药品进入欧盟关境，如果其进入不受主管当局严格监控以使其仅用于医学及科学的。

3. 对违反海关法行为进行处罚时，如果依照某成员国的法律规定，某笔海关进口或出口关税或某笔海关债的存在是决定处罚的依据，海关债仍可被视为已经发生。

第八十四条 多个海关债务人

如果多人有义务缴纳某笔海关债项下的进口关税或出口关税，所有人均应对缴纳该笔税款承担连带责任。

第八十五条 计算进口或出口关税税额的一般规则

1. 进口关税或出口关税的税额按有关海关债发生之时适用该货物的关税计算规则计算。

2. 海关债发生时间如果无法准确确定，该时间应当是海关当局认定该货物处在发生海关债的状态之时。

但是，如果海关当局依据自己掌握的信息能够认定海关债发生时间早于该时间，该海关债的发生时间应当是该货物最早处在一种可以被认定的状态的时间。

第八十六条 计算进口关税税额的特殊规则

1. 对按某项海关监管程序监管或临时存放的货物因临时存放或通常的处置发生的费用或增值，如果报关人能提供令人满意的费用证据，可在计算进口关税税额时不予考虑。

但是，在存放或处置过程中使用的非欧盟货物，在计算进口关税税额时，应考虑其海关估价、数量、性质及原产地。

2. 按某项海关监管程序监管的货物，如果因在欧盟关境内接受通常的处置使其税则归类发生改变，报关人提出请求时，应适用该货物按该监管程序监管时原税则归类。

3. 进口加工监管程序项下加工所得产品，发生海关债时，其相应的进口关税税额，应报关人请求，可按海关接受按进口加工监管程序监管的报关之时货物的税则归类、海关估价、数量、性质及原产地为基础计算。

4. 在特定情况下，如果报关人未提出请求，进口关税税额应按本条 2 款及 3 款规定计算，以避免本法第五十六条 2 款（h）项规定所指的关税措施被规避。

5. 出口加工监管程序项下加工所得产品或本法第二六一条 1 款规定所

指的串换货物，发生海关债时，进口关税税额应根据货物在欧盟关境外接受加工产生的费用计算。

6. 如果海关法律法规按本法第五十六条 2 款（d）项至（g）项、第二〇三条、第二〇四条、第二〇五条、第二〇八条或第二五九条至第二六二条规定或依照 2009 年 11 月 16 日欧盟理事会第（EC）1186/2009 号《关于建立欧盟关税减免税制度的条例》规定，规定了货物的优惠关税待遇或免征或减征进口关税或出口关税，该项优惠待遇、减税或免税，其海关债的发生，如果不涉嫌瞒骗，也应适用本法第七十九条或第八十二条规定。

第八十七条　海关债发生地点

1. 海关债发生地点为本法第七十七条、第七十八条、第八十一条规定所指的报关或复出口报关的办理地点。

在所有其他情况下，导致海关债发生的情事所在地点为海关债发生地点。

该地点无法确定时，海关当局认定该货物处在发生海关债的状态的地点为海关债发生地点。

2. 按某项海关程序监管的货物如果尚未卸货或临时存放未正常结束，而且海关债发生地点在特定的时限内无法按本条 1 款第二段或第三段规定确定，货物按有关海关监管程序监管的地点或按该监管程序运入欧盟关境的地点或临时存放的地点为海关债发生地点。

3. 如果海关当局依据自己掌握的信息能够认定海关债发生地点早于该地点，该海关债的发生地点应当是该货物最早处在一种可以被认定的状态的地点。

4. 某海关当局认定本法第七十九条或第八十二条规定所指的海关债发生在另一成员国时，如果该笔海关债项下的进口或出口税额低于 1 万欧元，该海关债的发生地点应当是作出该认定的成员国。

第八十八条　立法权授权

授权欧盟委员会按本法第二八四条规定通过授权立法法案，规定：

（a）适用于在特定的海关监管程序项下发生海关债货物的进口或出口关税税额的计算规则，作为本法第八十五条及第八十六条规定所指的规则的补充；

（b）本法第八十六条4款规定所指的情况；

（c）本法第八十七条2款规定所指的时限。

第二章 为潜在的或现有的海关债提供担保

第八十九条 一般规定

1. 除另有规定外，为已经发生或可能会发生的海关债提供的担保，均应按本章规定办理。

2. 下列情况下，海关当局要求为潜在的或现有的海关债提供的担保，应包括进口关税或出口关税税额及与其他货物进口或出口有关的税费：

（a）该担保用于按欧盟转关运输监管程序监管的；

（b）该担保可用于多个成员国。

在要求提供担保的成员国以外的国家无法使用的担保，应仅在该成员国有效，并且应至少包括进口关税或出口关税税额。

3. 海关当局要求提供担保时，海关债务人或可能成为海关债务人的人如提出要求，海关当局可允许被要求提供担保的人以外的其他人提供担保。

4. 除本法第九十七条另有规定外，海关当局应要求逐票提供担保。

逐票提供的担保，应适用于与该票报关所包括或按该票报关放行的货物有关的海关债项下的进口关税或出口关税及其他税费，无论该申报是否正确。

担保在被解除前，在担保金额内，可被用于补缴这些货物放行后应征收的进口或出口关税及其他税费。

5. 根据本条3款规定所指的人的申请，海关当局可按本法第九十五条1款、2款及3款规定，批准提供一笔总担保来担保涉及多项业务、报关或监管程序的海关债项下的进口或出口关税。

6. 海关当局应监控担保。

7. 对国家、地区和地方政府当局或其他公法管理的机构作为公共当局参与的活动，不得要求提供担保。

8. 下列情况不要求提供担保：

（a）在莱茵河、莱茵河航道、多瑙河或多瑙河航道上运输的货物；

（b）某个固定运输装置所载货物；

（c）在货物按暂时进口监管程序监管的特定情况下；

（d）按本法第二三三条4款（e）项规定所指的欧盟简化转关运输程序监管的货物，用海运或空运方式在欧盟港口或欧盟机场之间运输的。

9. 如果应担保的进口关税或出口关税税额不高于2009年5月6日欧洲议会及欧盟理事会第（EC）471/2009号《关于共同体与非成员国家对外贸易统计的条例》第三条4款规定所指的统计值下限，海关当局可免予要求提供担保。

第九十条　强制性担保

1. 强制性担保条件下，海关当局应按要求提供担保时能够准确计算出的与海关债项下的进口或出口关税确切税额及其他税费的金额来确定担保的金额。

如果确切金额不能确定，应按要求提供担保时海关当局估算的海关债项下的进口或出口关税确切税额及其他税费的最高金额来确定担保的金额。

2. 除本法第九十五条另有规定外，所担保的与海关债项下的进口或出口关税税额及其他税费的金额如果因时间发生变化，其担保金额应始终保持在能涵盖海关债项下的进口或出口关税税额及其他税费的金额的水平上。

第九十一条　选择性担保

选择性担保条件下，海关当局即使认为海关债项下的进口或出口关税及其他税费的金额在规定的时期内不一定需要缴纳，也应要求提供担保。

该担保金额应由海关当局按不超过本法第九十条规定的标准确定。

第九十二条 担保的提供

1. 担保可以按下列任何一种形式提供:

(a) 保证金或任何其他海关当局认可的具有保证金同等效力的支付工具,使用欧元或要求担保的成员国本国货币的;

(b) 担保人作出的一项承诺;

(c) 其他担保形式,能提供支付海关债项下的进口或出口关税及其他税费的金额相等担保的。

2. 形式为保证金或任何其他等效的支付工具的担保,应按要求提供担保的成员国现行的规定交存。

对保证金或任何其他等效的支付工具支持的担保,海关当局不支付任何利息。

第九十三条 担保形式的选择

被要求提供担保的人,可自行选择本法第九十二条1款规定的任何一种形式担保。

但是,如果所选择的担保不符合有关海关监管程序的正确运作,海关当局可拒绝接受。

海关当局可要求被选定的担保形式保持一段时间。

第九十四条 担保人

1. 本法第九十二条1款(b)项规定所指的担保人应当是在欧盟关境内注册的第三人。担保人应由要求提供担保的海关当局批准,除非其本身就是经欧盟按欧盟现行法律认可的信贷机构、金融机构或保险公司。

2. 担保人应书面承诺支付海关债项下的进口或出口关税及其他税费的担保金额。

3. 对担保人或担保类型,如果其中任何一项不足以保证在规定期限内清偿所担保的与海关债相对的进口或出口关税及其他税费的金额,海关当局可拒绝批准。

第九十五条　总担保

1. 本法第八十九条5款规定所指的准许应限于对能满足符合以下所有条件的人：

（a）在欧盟关境内注册的人；

（b）符合本法第三十九条（a）项规定条件的人；

（c）所参与的海关监管程序的长期用户或临时存放的存储设施的经营人，或符合本法第三十九条（d）项规定条件的人。

2. 要求对已经发生的海关债及其他税费提供总担保时，可准许某经济从业人提供较低金额的总担保或免予总担保，只要此人符合本法第三十九条（b）项及（c）项规定的标准。

3. 要求对已经发生的海关债及其他税费提供总担保时，享受海关简化监管的“经认证的经济从业人”如果提出请求，应准许其提供较低金额的总担保。

4. 本条3款规定所指的较低金额的总担保，应与提供担保具有同等效力。

第九十六条　临时禁止采用总担保

1. 对特定海关监管程序或临时存放监管程序，欧盟委员会可以决定暂时禁止采用下列总担保：

（a）本法第九十五条2款规定所指的提供较低金额的总担保或免予总担保；

（b）对被认定为涉嫌大规模瞒骗的货物提供本法第九十五条规定所指的总担保。

2. 适用本条1款（a）项或（b）项规定时，有关人如能满足以下条件之一，仍可被批准提供较低金额的总担保或免予总担保或按本法第九十五条规定提供总担保：

（a）该人能证明有关货物在本条1款规定所指的决定之前两年的关务过程中没有发生过海关债；

（b）在其本条1款规定所指的决定之前两年的关务过程中如果发生过

海关债，但相关人能证明该海关债已由其或多个海关债务人或担保人在规定的时限内全部清偿。

准备使用临时禁止的总担保时，相关人也必须符合本法第三十九条（b）项及（c）项规定所指的要求。

第九十七条 补充担保或替代担保

海关当局如果认定所提供的担保无法保证，或不再确定或不再足以保证在规定的期限内清偿所担保的海关债项下的进口或出口关税及其他税费的，应要求本法第八十九条3款规定所指的任何人选择提供补充担保或用新的担保替代原担保。

第九十八条 解除担保

1. 海关债或其他税费的缴纳义务一旦灭失，或不会再出现，海关当局应立即解除担保。

2. 海关债或其他税费的缴纳义务如果部分灭失，该部分的担保应相关人请求应予解除，除非所涉及的金额无法计算。

第九十九条 立法权授权

授权欧盟委员会按本法第二八四条规定通过授权立法法案，规定：

（a）本法第八十九条8款（c）项规定所指的对按暂准进口监管程序监管的货物不要求提供担保的特定情况；

（b）本法第九十二条1款（c）项规定所指的担保形式及涉及本法第九十四条规定所指的担保人的规则；

（c）准许采用本法第九十五条2款规定所指的较低金额的总担保或准许免予提供担保的审批条件；

（d）解除担保的时限。

第一〇〇条 实施权授权

1. 欧盟委员会应通过授权实施法案，规定以下事项的程序性规则：

（a）涉及担保金额确定的，包括本法第九十五条2款及3款规定所指的较低的担保金额；

（b）涉及本法第八十九条规定所指的担保的提供及监控的，本法第九十四条规定担保人做出的承诺的收回及作废的，以及本法第九十八条规定所指的担保的解除的；

（c）涉及本法第九十六条规定所指的暂时禁止的。

该项授权实施法案应按本法第二八五条4款规定的审查程序批准。

2. 欧盟委员会应通过授权实施法案，制定本法第九十六条规定所指的措施。

根据此类措施的紧迫性及出于迅速加强对欧盟及其成员国的财政利益的保护的正当理由，欧盟委员会应立即按本法第二八五条5款规定的程序通过可适用的授权实施法案。

本法第二八五条1款规定所指的欧盟委员会的意见如应按书面获得时，应适用本法第二八五条6款规定。

第三章 进口或出口关税的补征、缴纳、退还及不征不退

第一节 进口或出口关税税额的确定、海关债的通知及税款入账

第一〇一条 确定进口或出口关税税额

1. 进口或出口关税应税额，由海关债按本法第八十七条规定发生或视为发生的所在地点海关当局确定，一旦他们获得必要的信息。

2. 除本法第四十八条另有规定外，海关当局可以接受报关人确定的进口或出口关税应税额。

3. 进口或出口关税应税额如果不是整数，整数以下应四舍五入。

本款第一段规定所指的金额如果以欧元表示，整数以下应舍去。

不使用欧元的成员国可自行选择是否适用本款第二段规定，只要适用四舍五入的规定与适用本款第二段规定的规则相比没有造成更大的财政影响。

第一〇二条 海关债缴款书

1. 海关债缴款书应以按规定格式在海关债按本法第八十七条规定发生

或视为已发生的地点向海关债务人制发。

下列任何一种情况下，本款第一段规定所指的缴款书不得制发：

（a）进口或出口关税税额尚未最终确定前，某项以关税形式的临时贸易措施已经实施；

（b）进口或出口关税税额超过按本法第三十三条规定作出的决定确定的税额；

（c）原法院判决没有海关债缴款书，或缴款书中海关债项下的进口或出口关税税额低于按后来某项法院判决废止的一般规定确定的进口或出口关税应税额；

（d）海关当局依照海关法律法规规定不承担制发海关债缴款书的责任。

2. 进口或出口关税应税额如果与办理报关时申报的金额相等，海关当局放行货物相当于向海关债务人制发了海关债缴款书。

3. 本条 2 款规定不适用时，海关当局如果能够确定进口或出口关税应税额并能够作出这方面的决定，应向海关债务人制发该笔海关债的缴款书。

但是，如果海关债缴款书影响某项刑事调查，海关当局可推迟制发该缴款书直至不再妨害该项刑事调查。

4. 在海关当局规定的一定时间内对某人及同一人放行的所有货物，其进口或出口关税应税额所对应的海关债，可在该时间段结束时制发缴款书。海关当局规定的期限不得超过 31 天。

第一〇三条　海关债的有效期

1. 任何海关债发生之日起 3 年期满后，不得向海关债务人制发缴款书。

2. 如果海关债的发生原因是一项会导致刑事诉讼的行为，本条 1 款规定的 3 年时限，可依照成员国法律最短延长至 5 年，最长至 10 年。

3. 下列情况下，本条 1 款及 2 款规定的时限应暂停计算：

（a）已按本法第四十四条规定申请复议，从申请复议之日起暂停计算并在复议诉讼整个期间继续暂停；

（b）海关当局正按本法第二十二条6款规定告知海关债务人或将向其制发海关债缴款书的理由，从告知之日起至给予海关债务人发表意见的时限结束之日期间暂停计算。

4. 按本法第一一六条7款规定重新认定某笔海关债时，本条1款及2款规定的时限应被视为从提出退税或不征税的请求之日至退税或不退税决定作出之日止暂停计算。

第一〇四条　税款入账

1. 本法第一〇一条规定所指的海关当局应根据本国法律规定，将按该条规定确定的进口或出口关税应税款汇入其账户内。

本款第一段不适用本法第一〇二条1款第二段规定所指的情况。

2. 对按本法第一〇三条规定不再向海关债务人制发缴款书的海关债，其项下的进口或出口关税税款，海关当局无须入账。

3. 各成员国应规定进口或出口关税税款入账的适用程序。该程序应根据海关当局确定税款是否应缴纳有所不同（根据该笔海关债发生的情况）。

第一〇五条　税款入账的时间

1. 对海关接受货物办理某海关监管程序（减征关税暂时进口监管程序除外）的报关发生的海关债，或对与接受报关具有相同效力的行为产生的海关债，海关当局征收的进口或出口关税税款应于货物结关放行后14天内入账。

但是，税款如果有担保，在海关当局规定的一段时间（不超过31天）内对某人及同一人放行的所有货物，其进口或出口关税税款总额可在该时间段结束时作为单独一笔税款入账。此类入账应在相关时限到期后14天内完成。

2. 货物的放行如果附带涉及确定进口或出口关税应税额或其征收的条件，税款入账应在进口或出口关税应税款或纳税义务被确定之日起14天内完成。

但是，如果海关债涉及某项形式为关税的临时贸易政策措施，其进口或出口关税应税额应于欧盟关于制定该最终贸易政策措施的条例在《欧盟官方公报》上公布该临时贸易政策措施之日起2个月内入账。

3. 海关债如果不是在本条1款规定所指的情况下发生的，其进口或出口关税应税额应在海关当局能够确定有关进口或出口关税税额并作出一项决定之日起14天内入账。

4. 本条3款规定应适用于应补征或仍应补征的进口或出口关税，如果该笔进口或出口关税尚未按本条1款、2款及3款规定入账，或者经确定或已入账的金额低于应税额。

5. 本条1款、2款及3款关于入账时限的规定遇有无法预见的或不可抗力情况时不适用。

6. 本法第一〇二条3款第二段规定所指的入账可推迟至制发海关债缴款书不再影响某项刑事调查止。

第一〇六条　立法权授权

授权欧盟委员会按本法第二八四条规定通过授权立法法案，规定本法第一〇二条1款（d）项规定所指的海关当局不承担制发海关债缴款书责任的情况。

第一〇七条　实施权授权

欧盟委员会应通过授权实施法案，制定确保发生海关债时各海关当局之间互助的措施。

该项实施法案应按本法第二八五条4款规定的审查程序批准。

第二节　缴纳进口或出口关税税款

第一〇八条　一般纳税时限及纳税时限的暂停计算

1. 按本法第一〇二条规定制发缴款书的海关债项下的进口或出口关税，应由海关债务人在海关当局规定的时限内缴纳。

除本法第四十五条2款另有规定外，该时限不得超过向海关债务人制发缴款书后10天。按本法第一〇五条1款第二段规定的条件实行汇总入账方式时，该时限的确定应能使海关债务人获得一个比其按本法第一一〇条规定被批准延期的纳税时限更长的纳税时限。

对在本法第四十八条规定所指的结关后检查过程中确定的进口或出口关税，海关当局可根据海关债务人申请延长纳税时限。除本法第一一二条1款另有规定外，所延长的期限不得超过海关债务人采取适当步骤履行其义务所需的时间。

2. 享受本法第一一〇条至第一一二条规定所指的纳税便利措施的海关债务人，应在对此类便利措施规定的时限内缴纳税款。

3. 下列任何一种情形下，在纳税期限内应暂停缴纳海关债项下的进口或出口关税税额的纳税时限应暂停计算：

（a）已按本法第一二一条规定提出退税申请；

（b）货物或被没收、销毁或被放弃上交国家；

（c）该笔海关债是按本法第七十九条规定发生的且有多个海关债务人。

第一〇九条　纳税

1. 税款可以使用现金或任何具有类似清偿效力的支付工具缴纳，包括采用调整信贷余额手段。

2. 税款可以由第三人代替海关债务人缴纳。

3. 海关债务人可在任何情况下缴纳全部或部分进口或出口关税税款，无须等至纳税时限到期。

第一一〇条　延期纳税

海关当局应根据相关人申请并提供担保，准许采用以下方式延长纳税时限：

（a）对按本法第一〇五条1款第一段或第一〇五条4款规定入账的每笔进口或出口关税税额分别准许延长；

（b）对按本法第一〇五条1款第一段规定入账的所有进口或出口关税税款准许延长，但延长不得超过31天；

（c）对进口或出口关税总金额构成的一笔税款按本法第一〇五条1款

第二段规定的入账准许延长。

第一一一条 纳税时限的延期天数

1. 本法第一一〇条规定所指的延期的天数为 30 天。

2. 按本法第一一〇条（a）项规定延期时，延期天数自向海关债务人制发缴款书之日的第 2 天起开始计算。

3. 按本法第一一〇条（b）项规定延期时，延期天数自汇总缴税时限到期后次日起开始计算，并应扣除汇总纳税时限的一半天数。

4. 按本法第一一〇条（c）项规定缓税时，该天数自有关货物结关时限到期后次日起开始计算，并应扣除有关时限中的一半天数。

5. 本条 3 款及 4 款规定所指的天数为奇数时，30 天的天数中应按此类条款规定扣除的天数应等于紧接该一半天数的偶数。

6. 本条 3 款及 4 款规定所指的天数按周计算时，成员国可规定已延期缴纳的进口或出口关税在该周之后第四周的星期五前缴纳。

天数按月计算时，成员国可规定已延期缴纳的进口或出口关税在该月的次月第 16 日前缴纳。

第一一二条 其他纳税便利措施

1. 海关当局可在有提供担保的条件下，批准海关债务人享受延期缴税以外的其他纳税便利措施。

2. 按本法 1 款规定批准纳税便利措施时，应按进口或出口关税税额计收贷方利息。

使用欧元作为货币的成员国，贷方利率应等于缴税之日所在月的第一天在《欧盟官方公报》专栏 C 中公布的欧洲中央银行适用于其主要融资业务的利率，并提高一个百分点。

不使用欧元作为货币的成员国，贷方利率应等于缴税之日所在月的第一天国家中央银行适用于其主要融资业务的利率，并提高一个百分点，或者最接近（指对没有国家中央银行利率的成员国）成员国货币市场有关月的第一天的利率，并提高一个百分点。

3. 海关当局如果根据对海关债务人的书面评估，认定要求提供担保或征收贷方利息会造成其严重的经济或社会困难，可免予要求担保或征收利息。

4. 贷方利息金额一笔少于 10 欧元的，海关当局应予以免除。

第一一三条　强制缴税

进口或出口关税税款未在规定时限内缴纳的，海关当局可使用相关成员国法律规定的一切手段保证该税款得以缴纳。

第一一四条　滞纳金

1. 规定时限到期后缴纳的进口或出口关税税款，应从到期之日起到缴纳之日止，按日征收滞纳金。

使用欧元作为货币的成员国，滞纳率应等于缴税之日所在月的第一天《欧盟官方公报》专栏 C 中公布的欧洲中央银行适用于其主要融资业务的利率，并提高一个百分点。

不使用欧元作为货币的成员国，滞纳率应等于缴税之日所在月的第一天国家中央银行适用于其主要融资业务的利率，并提高一个百分点，或者最接近（指对没有国家中央银行利率的成员国）成员国货币市场有关月的第一天的利率，并提高一个百分点。

2. 按本法第七十九条或第八十二条规定发生海关债时，或根据结关后检查结果制发海关债缴款书时，应在进口或出口关税税额之外加上从海关债发生之日起到缴款书发出之日止应征收的滞纳金。

滞纳率应按本条 1 款规定确定。

3. 海关当局如果根据对海关债务人的书面评估，认定要求征收滞纳金会造成其严重的经济或社会困难，可免予征收。

4. 滞纳金金额一笔小于 10 欧元的，海关当局应予以免除。

第一一五条　立法权授权

授权欧盟委员会应按本法第二八四条规定通过授权立法法案，规定本法第一〇八条 3 款规定所指的海关债项下进口或出口关税的纳税时限的暂停规则及暂停计算规定。

第三节 退税及不征税

第一一六条 一般规定

1. 在本节规定的条件下，因下列任何一项原因，进口或出口关税应予退还或不征：

（a）多征收的进口或出口关税税额；

（b）次品或不符合合同要求的货物；

（c）主管当局的差错；

（d）公平问题。

进口或出口关税如已缴纳并且相应的报关按本法第一七四条规定作废，其税额应予退还。

2. 本条 1 款规定所指的进口或出口关税税额为 10 欧元及以上的，海关当局应退还或不征税，除非相关人要求退还或不征更低的税额。

3. 海关当局如果认为应按本法第一一九条或第一二〇条规定批准退税或不征税，在下列任何一种情况下，相关成员国应向欧盟委员会报送文件由欧盟委员会作出决定：

（a）海关当局认为该特殊情况是欧盟委员会不作为导致的；

（b）海关当局认为欧盟委员会犯了一个本法第一一九条规定所定义的错误；

（c）问题情节涉及一项欧盟调查的调查结论，该调查是按 1997 年 3 月 13 日欧盟理事会第（EC）515/97 号《关于各成员国行政当局之间及各成员国行政当局与欧盟委员会之间为保证海关法律及农业监管正确实施而互相协助的条例》规定进行的，或按任何其他欧盟立法或任何欧盟与国家或国家集团签署的含有进行此类欧盟调查的规定的协定进行的；

（d）相关人的一笔或多笔进口或出口业务可能应缴纳的税额因差错或特殊情况所致等于或超过 50 万欧元。

作为本款第一段规定的例外，下列任何一种情况下不得报送文件：

（a）欧盟委员会已经对类似（事实上或法律上类似）的问题作出过决定；

（b）欧盟委员会已经在考虑类似的问题。

4. 除某项决定的权限规则另有规定外，海关当局如果在本法第一二一条1款规定时限内自行发现一笔进口或出口关税可以按本法第一一七条、第一一九条或第一二〇条规定予以退还或不征，应当主动退税或不征税。

5. 造成制发海关债缴款书的情况如果是因海关债务人瞒骗导致的，不予以退税或不征税。

6. 退税不得造成相关海关当局支付利息。

但是，如果某项同意退税的决定未在决定作出之日起3个月内执行，除未遵守该时限的原因不在海关当局检查内外，应支付利息。

在此情况下，应从3个月时限到期之日起直到退还之日止支付利息，利率按本法第一一二条规定确定。

7. 海关当局如因差错已同意退税或不征税，如果本法第一〇三条未规定有法律时效，原海关债应重新恢复。

在此情况下，本条5款第二段①规定所指的利息应予退还。

第一一七条　多收的进口或出口关税

1. 海关债项下一笔进口或出口关税，如果原通知的税额超过应征收的税额，或该海关债未按本法第一〇二条1款（c）项或（d）项规定通知海关债务人，应予退还或不征。

2. 退税或不征税申请，如果是根据货物按自由流动放行办理的报关海关接受之时存在的某个关税配额、关税上限或其他优惠关税措施项下的进口关税减税或零税率提出的，只要在申请提出时随附了必要的文件并满足下列条件之一的，应同意退税或不征税：

（a）在关税配额情况下，额度尚未用尽；

（b）在其他情况下，正常税率尚未恢复。

---

① 英文原文中该条5款无第二段。

第一一八条 货物残损或不符合合同条款

1. 海关债缴款书涉及的货物如果其进口人因货物在放行时已残损或与合同条款不符而拒收，应予退税或不征税。

残损货物应包括放行前已残损的货物。

2. 作为本条3款规定的例外，未被使用的货物（为证实货物是否有缺陷或与合同条款不符所必需的使用除外），只要复运离欧盟关境，应予退税或不征税。

3. 下列情况不予退税或不征税：

（a）货物在按自由流动结关前，已按某项海关特定监管程序进行测试，除非经查实该货物有残损或与合同条款不符的事实在该测试过程中通常不可能被发现；

（b）货物申请办理某项会产生海关债的监管程序前，关于货物的残损性质的合同在起草，特别是商定价格时已被考虑；或者

（c）货物在确认有残损或与合同条款不符前已被申请人出售。

4. 海关当局应根据相关人的申请，准许货物按进口加工监管程序，包括货物销毁监管程序或转关运输监管程序、保税仓库监管程序或自由区监管程序监管，而无须将货物运离欧盟关境。

第一一九条 主管当局的差错

1. 除本法第一一六条1款第二段及本法第一一七条、第一一八条及第一二〇条规定所指的情况外，如果原通知的海关债项下的税额低于应付的税额，且该差错是由主管当局造成的，该进口或出口关税税额应予退还或不征，但必须符合以下条件：

（a）海关债务人按理无法发现该差错；

（b）海关债务人没有瞒骗意图。

2. 本法第一一七条2款规定所指的条件不符合时，如果未能适用减税或零税率的原因是海关当局的差错及办理自由流动结关的报关单所载适用减税或零税率所必需的所有详细情况及所有随附文件方面的差错，应同意退税或不征税。

3. 根据某项涉及欧盟关境以外某个国家或地区的当局的行政合作制度批准的货物的优惠待遇，如果这些当局出具的证明是错误的，应属于本条1款（a）项规定所指的按理无法发现的差错。

但是，如果证明是根据出口人提供的事实出具的，出具证明不应构成差错，除非出证当局显然知道或理应知道货物不符合享受优惠待遇所规定的条件。

海关债务人如果能证明其在相关的贸易业务过程中对确保优惠待遇的所有条件得以符合给予了应有的关注，应被视为没有瞒骗意图。

如果欧盟委员会已在《欧盟官方公报》发布通知称有理由怀疑受益国家或地区对优惠安排的正确使用，海关债务人不能借没有瞒骗意图之故推托错误的责任。

第一二〇条　公平性

1. 除本法第一一六条1款第二段、第一一七条、第一一八条及第一一九条规定所指的情况外，如果某笔海关债是在海关债务人无瞒骗或无明显的疏忽大意的特殊情况下发生的，该笔进口或出口关税应予退还或不征，以维护公平。

2. 如果从其情节看海关债务人明显处在一种与其他从业人经营相同业务的情况相比属特殊情况下，并且如果没有此类情况，海关债务人不会在该笔进口或出口关税的征收时处于不利状态，本条1款规定所指的特殊情况应视为存在。

第一二一条　退税及不征税程序

1. 按本法第一一六条规定退税或不征税的申请应在以下时限内报送海关当局：

（a）海关债缴款书制发之日起3年内，涉及因主管当局的差错或公平原因多征进口或出口关税税额的；

（b）海关债缴款书制发之日起3年内，涉及货物残损或与合同条款不符的；

（c）适用于作为的规则中规定的时限，涉及报关单作废的。

本款（a）项及（b）项规定所指的时限，如果申请人提供证据证明其因不可预见的情况或不可抗力而无法在规定时限内提出申请，可准许延长。

2. 海关当局如果无法根据援引的理由批准退还或不征一笔进口或出口关税税额，应根据本法第一一六条规定所指的退税或不征税的其他理由审查退税或不征税的申请的内容。

3. 如果已按本法第四十四条规定对海关债缴款书提出复议申请，在复议期间（从复议申请提出之时起计算），本条1款第一段规定所指的相关时限应暂停计算。

4. 某成员国海关当局按本法第一一九条及第一二〇条规定批准退税或不征税时，相关成员国应向欧盟委员会通报。

第一二二条 立法权授权

授权欧盟委员会按本法第二八四条规定通过授权立法法案，制定按本法第一一六条3款规定作出决定时应适用的规则，特别是涉及以下情事的：

（a）受理申请的条件；

（b）作出决定的时限及该时限的暂停计算；

（c）欧盟委员会作出不利于相对人的决定前通报其决定的理由；

（d）决定的通知；

（e）不作决定或不通知该决定的后果。

第一二三条 实施权授权

1. 欧盟委员会应通过授权实施法案，规定以下事项的程序性规则：

（a）本法第一一六条规定所指的退税及不征税；

（b）按本法第一二一条4款规定向欧盟委员会通报及应提供的信息。

该项授权实施法案应按本法第二八五条4款规定的审查程序批准。

2. 欧盟委员会应通过授权实施法案，作出本法第一一六条3款规定所指的决定。

该项授权实施法案应按本法第二八五条2款规定的咨询程序批准。

以书面程序获得本法第二八五条1款规定所指的欧盟委员会的意见时，应适用本法第二八五条6款规定。

第四章　海关债的解除

第一二四条　解除

1. 除涉及海关债项下进口或出口关税税额因司法认定海关债务人无偿债能力不予追缴的现行法律另有规定外，在下列情况下，进口或出口关税的海关债应解除：

(a) 不会再向海关债务人制发海关债缴款书，符合本法一〇三条规定的；

(b) 进口或出口关税税额已缴纳；

(c) 进口或出口关税已退还，本条5款另有规定的除外；

(d) 报关被作废，指办理某项有缴纳进口或出口关税义务的海关监管程序的报关；

(e) 应征进口或出口关税的货物被没收，或者在被扣押同时或被扣押后被没收；

(f) 应征进口或出口关税的货物在海关监视下被销毁或被放弃上交国家；

(g) 货物消失或未履行海关法律法规规定的义务，如果是因为货物的实际性质或者无法预见或不可抗力原因导致货物全部损毁或无法挽回的损失。适用本规定时，该货物如果根本无法被使用，应被视为遭受了不可挽回的损失；

(h) 该笔海关债是按本法第七十九条或第八十二条规定发生的，并且符合以下条件：

(i) 导致海关债发生的未履行义务对相关的海关监管程序的正确执行没有造成重大影响，并且没有瞒骗企图；

(ii) 所有使货物的监管状态合规所必要手续后来均已办理。

（i）已经海关当局批准出口，如果货物是按根据最终用途免征或减征进口关税自由流动结关的；

（j）该海关债是按本法第七十八条规定发生的，并且为享受该条规定所指的优惠关税待遇应办理的手续被撤销；

（k）该海关债是按本法第七十九条规定发生的，并且已提供了海关当局满意的证据证明货物没有被使用或消费，而且已被运离欧盟关境，本条6款另有规定的除外。

2. 在本条1款（e）项规定所指的情况下，进口或出口关税或某笔海关债的存在，如果根据某成员国法律规定要作为认定刑事责任的依据时，从对违反海关法所适用的处罚角度讲，该海关债应被视为尚未解除。

3. 如果按本条1款（g）项规定对按根据最终用途办理免征或减征进口关税自由流动结关的货物解除海关债时，销毁该货物产生的任何废碎物应视为非欧盟货物。

4. 对因货物性质导致的无法弥补的损失，相关人无法证明该货物的实际损失超过按标准损失率计算的损失的，应适用现行的标准损失率。

5. 如果由多人负责缴纳的一笔海关债项下的进口或出口关税被批准退还，该笔海关债应只对被准许退税的一人或多人解除。

6. 在本条1款（k）项规定所指的情况下，不得对任何试图瞒骗的人解除海关债。

7. 海关债如果是按本法第七十九条规定发生的，应对其行为未涉及任何企图瞒骗并且为反瞒骗作出贡献的人解除。

第一二五条　处罚

海关债如果按本法第一二四条1款（h）项规定被解除，成员国仍有权对不遵守海关法律法规的予以处罚。

第一二六条　立法权授权

授权欧盟委员会按本法第二八四条规定通过授权立法法案，制定本法第一二四条1款（h）项（i）目规定所指的导致海关债发生的未履行义务的情事（限于对相关的海关监管程序的正确执行没有造成重大影响的）清单。

第四编

货物运入欧盟关境

第一章　简化进口报关

第一二七条　办理进境申报

1. 货物运入欧盟关境应当办理进境申报。

2. 本条 1 款规定的义务在下列情况下可被免除：

（a）运输工具及其运载货物仅穿越欧盟关境的领水或领空，在关境内未停留的；

（b）货物的种类或运输方式能提供正常理由的，且国际协定有此规定的其他情况。

3. 进境申报应在货物运入欧盟关境前，在规定时限内向第一入境地海关办事处办理。

海关当局可允许进境申报向另一个海关办事处办理，但该海关办事处应立即采用电子方式将必需的详细信息传输给第一入境地海关办事处或使其能获得。

4. 进境申报应由承运人办理。

作为承运人义务的例外，进境申报可由下列人员办理：

（a）进口人或收货人，或使用承运人名义或代表其的其他人；

（b）本人或能使他人向入境地海关办事处呈验[1]相关货物的任何人。

5. 进境申报应包含供应链安全方面风险分析所需的详细信息。

6. 在特定情况下，本条4款规定所指的人无法获得本条5款规定所指的详细信息时，可要求持有这些详细信息并拥有合适的提供信息的权利的其他人提供这些详细信息。

7. 海关当局可接受使用贸易、港口或运输信息系统办理进境申报，只要该系统包含有进境申报所必需的详细信息，并且详细信息在货物运入欧盟关境前在规定时限内可以获得。

8. 海关当局可接受以通知方式或以在经济从业人的计算机系统中可获得进境报关的详细信息的方式来取代办理进境申报。

第一二八条 风险分析

本法第一二七条3款规定所指的海关办事处，应在规定时限内，根据本法第一二七条1款规定所指的进境申报或本法第一二七条8款规定所指的详细信息，进行一项以供应链安全为主要目的的风险分析，并应根据风险分析采取必要的措施。

第一二九条 进境申报的修改及作废

1. 报关人申请获准在进境申报后更改一项或多项详细信息。

下列时间后不得作任何更改：

（a）海关当局已告知办理进境申报的报关人他们准备检查货物；

（b）海关当局已经认定进境申报中的详细信息不正确；

（c）货物已向海关呈验。

2. 货物已办理进境申报但尚未被运入欧盟关境的，海关当局应在下列任何一种情况下作废进境申报：

（a）报关人提出申请的；

（b）进境申报办理后200天以内。

第一三〇条 正式报关取代进境申报

1. 对进境申报时限到期前已向海关办理正式报关的货物，本法第一二

① 指使海关能看到货物或将货物处于海关监管之下。

七条 3 款规定所指的海关办事处可免除其办理进境申报的义务。在该情况下，正式报关应至少包含进境申报所必需的详细信息。该正式报关在按本法第一七二条被接受前，应具有与进境申报同等的法律效力。

2. 对进境申报时限到期前已按临时存放监管程序报关的货物，本法第一二七条 3 款规定所指的海关办事处可免除其办理进境申报的义务。该项报关应至少包含办理进境申报所必需的详细信息。临时存放申报在按本法第一七二条规定被接受前，应具有与进境申报同等的法律效力。

第一三一条　立法权授权

授权欧盟委员会按本法第二八四条规定通过授权立法法案，规定：

(a) 免除办理进境申报义务的情况，符合本法第一二七条 2 款（c）项规定的；

(b) 本法第一二七条 3 款及 7 款规定所指的货物运入欧盟关境前应办理进境申报的具体时限，规定时应考虑货物的种类及运输方式；

(c) 本法第一二七条 6 款规定所指的情况及在此类情况下可能被要求提供进境申报中详细信息的其他人。

第一三二条　实施权授权

欧盟委员会应通过授权实施法案，规定：

(a) 本法第一二七条规定所指的办理进境申报的程序性规则；

(b) 本法第一二七条 6 款规定所指的由其他人提供进境申报中详细信息的程序性规则；

(c) 按本法一二八条规定进行风险分析并采取必要措施的时限；

(d) 按本法第一二九条 1 款规定更改进境申报的程序性规则；

(e) 按本法第一二九条 2 款规定作废进境申报的程序性规则，规定应考虑对货物入境的有效监管。

该项授权实施法案应按本法第二八五条 4 款规定的审查程序批准。

第二章　货物到达

第一节　货物运入欧盟关境

第一三三条　远洋船舶或国际航行飞机抵达报告

1. 进入欧盟关境的远洋船舶或飞机的经营人应在运输工具抵达时向第一入境地海关办事处报告抵达。

海关当局如果能获得关于海洋船舶或飞机抵达的信息，可免予以要求本款第一段规定所指的报告。

2. 海关当局可接受使用港口或机场系统或其他可使用的方法报告运输工具的抵达。

第一三四条　海关监管

1. 运入欧盟关境的货物，从其进境之时起，应接受海关监管并可能会接受海关检查，必要时还应受到禁止和限制措施（主要基于公共道德、公共政策或公共安全，保护人类、动物或植物的生命及健康，保护环境，保护国家具有艺术、历史、考古价值的财富，以及保护工业或商业产权等原因），包括对制毒前体、侵犯某些知识产权及现金管制，以及实施渔业保护及管理措施和贸易政策措施的管制。

货物的监管状态未确定前，应始终处于海关监管之下，并且未经海关当局准许不得脱离海关监管。

除本法第二五四条另有规定外，欧盟货物，其监管状态一旦确定，可不受海关监管。

非欧盟货物，在其监管状态未改变前，或者被运离欧盟关境或被销毁前，应始终处于海关监管之下。

2. 在海关监管下，经海关当局同意，货物持有人可在任何时间检查货物或提取货样，特别是为确定其税则归类、完税价格或监管状态的。

第一三五条　运至合适地点

1. 将货物运入欧盟关境的人应按照海关当局规定的路线（如果有）

并依照海关的指示，将货物立即运至海关当局指定的海关办事处，或由海关当局指定或批准的其他任何地点，或者运入自由区。

2. 对设在与某一成员国和某一第三国之间的陆地边境的自由区，货物应以海运、空运或陆运方式不经过欧盟关境任何其他地区直接运入该自由区。

3. 负责货物运输的任何人，在该货物被运入欧盟关境后，应负责履行本条 1 款及 2 款规定的义务。

4. 尚未运入欧盟关境但根据某成员国与欧盟关境以外某国家或地区之间签订的某项协定规定应由该成员国海关当局实施海关检查的货物，应按与运入欧盟关境的货物同样的方式处理。

5. 本条 1 款及 2 款规定不影响对在边境地区内或用管道和缆线运输的货物，以及其运输的经济价值可以忽略不计的物品，如信件、明信片及印刷品，以及其他电子等同物，或者旅客携带物品，适用特殊的规则，只要该规则的适用不影响海关监管及海关检查的可能性。

6. 本条 1 款规定不适用在欧盟关境内不停留仅穿越其领海或领空的运输工具及其所载货物。

第一三六条　欧盟内空运及海运服务

本法第一二七条至第一三〇条、第一三三条、第一三五条 1 款、第一三七条、第一三九条至第一四一条、第一四四条至第一四九条等规定，不适用在欧盟关境两点之间海运或空运途中暂时离开欧盟关境的非欧盟货物及本法第一五五条规定所指的货物，只要这些货物通过直达路线运输并且不在欧盟关境外停留。

第一三七条　特殊情况运输

1. 由于无法预见或者不可抗力的原因不能履行本法第一三五条 1 款规定所指的义务的，承担该义务的人或任何其他以该人的名义办理海关事务的人，应立即将情况报告海关当局。如果不可预见的情况或不可抗力没有造成货物全部灭失，还应向海关当局报告货物的具体地点。

2. 由于不可预见或者不可抗力的原因，本法第一三五条 6 款规定所指的船舶或飞机被迫暂时驶入港口或临时降落在欧盟关境内，而且无法履行本法第一三五条1款规定所指的义务的，驾驶船舶或飞机进入欧盟关境的人或任何其他以该人的名义办理海关事务的人，应立即将情况报告海关当局。

3. 海关当局应决定为保证海关在对本条1款规定的货物及在本条2款规定的特殊情况下船舶或飞机所载货物的监管，以及（如果需要）保证将其运至某海关办事处或任何由海关当局指定或批准的其他地点所应采取的措施。

第一三八条　实施权授权

欧盟委员会应通过授权实施法案，规定以下事项的程序性规则：

（a）本法第一三三条规定所指的抵达报告；

（b）本法第一三五条5款规定所指的货物运输。

该项授权实施法案应按本法第二八五条4款规定的审查程序批准。

第二节　货物呈验、卸货及检查

第一三九条　向海关呈验货物

1. 运入欧盟关境的货物应在运达海关当局指定的海关办事处，或被其他任何海关当局指定或批准的地点，或者运入某自由区时，应立即由以下人向海关呈验：

（a）将货物运入欧盟关境的人；

（b）以将货物运入欧盟关境的人的名义或代表其的人；

（c）负责货物运入欧盟关境后的货物运输的人。

2. 海运或空运运入欧盟关境的货物及并未从所载运输工具上卸下的货物，只能在其卸货或轮船（机）的港口或机场向海关呈验。但是，运入欧盟关境并在其运输途中为了其他货物重新装货而从同一运输工具卸下或重新装上该运输工具的货物，可不在该港口或机场向海关呈验。

3. 作为本条1款规定的人的义务的例外，货物能由下列人员向海关呈验：

（a）立即将货物按某项海关监管程序监管的任何人；

（b）存储设施经营许可的相对人或在自由区内经营业务的任何人。

4. 呈验货物的人应告知该货物已经办理了进境申报情况或报关（指在本法第一三〇条规定的情况下）或临时存放申报，除非进境申报的义务被免除。

5. 向海关呈验的非欧盟货物如果没有办理进境申报，除该申报义务被免除外，本法第一二七条 4 款规定的人，在不违反本法第一二七条 6 款规定情况下，应立即办理进境申报或办理临时存放申报。

6. 本条 1 款规定不应影响对在边境地区内或用管道和电缆运输的货物，以及其运输的经济价值可以忽略不计的物品，如信件、明信片及印刷品，以及其他电子等同物，或者旅客携带物品，适用特殊的规则，只要该规则的适用不存在影响海关监管及海关检查的可能性。

7. 向海关呈验的货物未经海关当局批准不得从已呈验地点移走。

第一四〇条　卸货及查验货物

1. 必须经海关当局准许并在海关当局指定或批准的地点，货物才能从承载它的运输工具上卸下或转船（机）。

但是，即将发生必须立即卸下全部或部分货物的危险时，可不要求海关批准。在此情况下，事后应立即通知海关当局。

2. 为查验货物，海关当局可随时要求卸货、打开包装、提取货样或检查运载该货物的运输工具。

第一四一条　转关运输货物移动

1. 本法第一三五条 2 款至 6 款、第一三九条、第一四〇条和第一四四条至第一四九条规定，不适用已按转关运输监管程序运入欧盟关境的货物。

2. 按转关货物监管程序移动的非欧盟货物，一旦按转关运输监管程序规则向欧盟关境内指运地海关办事处呈验，应适用本法第一四〇条及第一四四条至第一四九条规定。

第一四二条 立法授权

授权欧盟委员会按本法第二八四条规定通过授权立法法案，规定本法第一三九条1款规定所指的地点的批准条件。

第一四三条 实施权授权

欧盟委员会应通过授权实施法案，制定本法第一三九条规定所指的向海关呈验货物的程序性规则。

该项授权实施法案应按本法第二八五条4款规定的审查程序批准。

第三节 货物临时存放

第一四四条 临时存放的货物

非欧盟货物应自向海关呈验起处于临时存放监管状态。

第一四五条 临时存放申报

1. 向海关呈验的非欧盟货物应办理临时存放申报，临时存放申报应包含适用临时存放的规定所必需的所有详细信息。

2. 海关法律法规有规定或海关检查有需要时，应向海关当局提供与临时存放货物有关的文件。

3. 临时存放申报应由本法第一三九条1款或2款规定的人最迟在向海关呈验货物时办理。

4. 除进境申报义务被免除外，临时存放申报应注明向海关呈验的货物所办理的进境申报，除非货物已经按临时存放监管或已经按某项海关监管程序监管并且尚未运离欧盟关境。

5. 海关当局可接受下列形式的临时存放申报：

（a）注明相关货物所办理的临时存放申报，并补充有临时存放申报的详细信息；

（b）舱单或其他运输文件，只要其包含有临时存放申报的详细信息，包括注明存放货物相关的详细情况。

6. 海关当局可接受使用贸易、港口或运输信息系统办理临时存放申报，只要此类申报包含该申报所必需的详细信息，并且这些详细信息可按本条 3 款规定获得。

7. 本法第一八八条至第一九三条规定应适用于临时存放申报。

8. 临时存放申报也可用于下列目的：

（a）本法第一三三条规定所指的抵达报告；

（b）本法第一三九条规定所指的向海关呈验货物，只要符合此类法律规定的条件。

9. 货物如果在向海关呈验之前已按本法第一五三条至第一五六条规定被认定为非欧盟货物监管状态，可不要求办理临时存放申报。

10. 临时存放申报的书面文件应由海关保存或向海关提供，以证实其涉及的货物随后是否按某项海关监管程序监管或按本法第一四九条规定复出口。

11. 适用本条 1 款至 10 款规定时，按转关运输监管程序移动的非欧盟货物，如果向欧盟关境内的指运地海关办事处呈验，相关转关运输业务的详细信息只要能满足此目的，应被视为是临时存放申报的报关单。但是，货物持有人可在转关运输监管程序结束后办理临时存放申报。

第一四六条　临时存放申报的更改及作废

1. 临时存放申报办理后，报关人可提出申请并被准许更改一项或多项详细信息。但更改不得使该临时申报适用于与该申报的货物以外的货物。

下列时间后不得作任何更改：

（a）海关当局已告知办理临时存放申报的报关人他们准备检查货物；

（b）海关当局已经认定临时存放申报中的详细信息不正确。

2. 货物已办理临时存放申报但未向海关呈验的，海关当局应在下列任何一种情况下作废临时申报：

（a）报关人提出申请；

（b）进境申报后 30 天以内。

第一四七条　货物临时存放的条件及责任

1. 按临时存放监管的货物只能存放在符合本法第一四八条规定的临时

存放设施中，或存放在海关当局指定或批准的其他地点（如果有正当理由）。

2. 除本法第一三四条2款另有规定外，按临时存放监管的货物只能接受旨在确保按原状保存、不改变其外观或技术特征的简单处置。

3. 货物存放在海关当局指定或批准的其他地点时，本法第一四八条规定所指的许可的相对人或存放货物的人，应对下列事务负责：

（a）确保临时存放的货物不脱离海关监管；

（b）履行货物办理临时存放所产生的义务。

4. 如果由于某种理由货物不能继续临时存放，海关当局应立即采取一切必要的措施按本法第一九七条、第一九八条及第一九九条规定使货物的监管状态合规。

第一四八条　批准经营临时存放设施

1. 经营临时存放设施应由海关当局批准。海关当局自己经营的临时存放设施无须批准。

批准中应规定临时存放设施的经营条件。

2. 本条1款规定所指的批准仅授予满足以下所有条件的人：

（a）在欧盟关境内注册的；

（b）对合规经营提供必要担保的；可享受简化海关监管的“经认证的经济从业人”，只要本法第三十八条2款（a）项规定所指的批准中考虑了经营临时存放设施，即可被视为符合该条件；

（c）按本法第八十九条提供担保的。

提供总担保的，该担保项下的义务的履行应通过适当的审计进行监控。

3. 本条1款规定所指的批准条件应限制海关当局能够行使海关监管的范围之内，不应附加与所涉及的经济需求不适宜的行政要求。

4. 批准的相对人应按海关当局认可的格式建立并保存适当的业务账册。

该业务账册应包含能使海关当局监管临时存放设施的经营的信息及详

细资料，特别是所存放货物的辨认、海关监管状态及移动。

可享受简化海关监管的“经认证的经济从业人”，只要其保存的业务账册用于经营临时存放设施的目的，应被视为已经履行了本款第一段及第二段规定所指的义务。

5. 海关当局可准许批准证书持有人在不同的临时存放仓库之间移动临时存放的货物，条件是该移动不会增加如下瞒骗风险：

（a）该移动由一个海关当局负责监管；

（b）该移动是逐案批准给“经认证的经济从业人”的；

（c）在其他情况下的移动。

6. 有经济需求并且在海关监管没有受到负面影响条件下，海关当局可批准欧盟货物存放在临时存放设施中，这些货物不应被视为临时存放货物。

第一四九条　临时存放的结束

临时存放的非欧盟货物应在90天内转至按某项海关监管程序监管或复出口。

第一五〇条　选择某项海关监管程序

除另有规定外，报关人可按该监管程序规定的条件自由选择货物要办理的海关监管程序，不论货物的性质、数量、原产国、发运或抵运地点。

第一五一条　立法权授权

授权欧盟委员会按本法第二八四条规定通过授权立法法案，规定：

（a）审批本法第一四七条1款规定所指的地点的条件；

（b）审批本法第一四八条规定所指的临时存放设施的条件；

（c）本法第一四八条5款（c）项规定所指的移动的情况。

第一五二条　实施权授权

欧盟委员会应通过授权实施法案，规则下列事项的程序性规则：

（a）本法第一四五条规定所指的临时存放申报；

（b）按本法第一四六条1款规定更改临时存放申报；

（c）按本法第一四六条 2 款规定作废临时存放申报；

（d）本法第一四八条 5 款规定所指的临时存放货物的移动。

该项授权实施法案应按本法第二八五条 4 款规定的审查程序批准。

第五编

海关监管状态，货物按某项海关监管程序监管，货物查验、放行及处置的一般规则

第一章　货物监管状态

第一五三条　欧盟货物监管状态的假定

1. 欧盟关境内的所有货物，除被认定为非欧盟货物外，应当被假定为具有欧盟货物监管状态。

2. 在特定情况下，本条 1 款规定所指的假定如果不适用，欧盟货物监管状态需要提供证据证明。

3. 在特定情况下，完全在欧盟关境内获得的货物，如果从用临时存放的货物，或者是按外部转关运输监管程序、存储监管程序、暂时进口监管程序或进口加工监管程序监管的货物获得的，应不具有欧盟货物监管状态。

第一五四条　欧盟货物监管状态的丧失

欧盟货物在下列情况下应成为非欧盟货物：

（a）货物被运离欧盟关境，只要未按内部转关运输监管程序办理；

（b）货物按外部转关运输监管程序、存储监管程序、暂时进口监管程序或进口加工监管程序监管，只要海关法律法规允许；

（c）货物按最终用途监管程序监管，随后放弃上交国家或被销毁并有残值；

（d）货物办理的自由流动结关报关在货物放行后被作废。

第一五五条 欧盟货物暂时离开欧盟关境

1. 在本法第二二七条2款（b）项至（f）项规定所指的情况下，货物的欧盟货物监管状态只有在该状态是按海关法律法规规定的某些条件及手段认定的才可保留。

2. 在特定情况下，欧盟货物可不按任何海关监管程序在欧盟关境内的两个地点之间移动，甚至离开欧盟关境而不影响其欧盟货物监管状态。

第一五六条 立法权授权

授权欧盟委员会按本法第二八四条规定通过授权立法法案，规定：

（a）不适用本法第一五三条1款规定所指的假定的情况；

（b）方便欧盟货物监管状态的证据认定的条件；

（c）本法第一五三条3款规定的货物不具有欧盟货物监管状态的情况；

（d）本法第一五五条2款规定的不改变货物监管状态的情况。

第一五七条 实施权授权

欧盟委员会应通过授权实施法案，规定提供及审查证明欧盟货物监管状态的证据的程序性规则。

该项授权实施法案应按本法第二八五条4款规定的审查程序批准。

第二章 货物按某项海关监管程序监管

第一节 一般规则

第一五八条 货物报关及欧盟货物的海关监管

1. 除按自由区监管程序监管外，所有货物办理报关时必须按指定的某项海关特定监管程序监管。

2. 在特定情况下（指除本法第六条2款规定的情况以外），还可使用电子数据处理技术以外的方式办理正式报关。

3. 申报按出口监管程序、欧盟内部转关运输监管程序或出口加工监管程序监管的货物，应自本条 1 款规定的报关被接受之时起直到货物被运离欧盟关境或被放弃上交国家或销毁或报关作废时止，均应处于海关监管之下。

第一五九条　主管海办事处

1. 除欧盟法律法规另有规定外，成员国应确定各海关办事处在其境内的位置及职能。

2. 成员国应确保此类办事处规定的办公时间是合理且适当的，考虑了货物运输的性质及其所要办理的海关监管程序，使国际运输流既未被阻碍也未被扭曲。

3. 除另有规定外，办理货物按某项海关监管程序监管的主管海关办事处应当是货物向其呈验的海关办事处。

第一六〇条　立法权授权

授权欧盟委员会按本法第二八四条规定通过授权立法法案，规定可按本法第一五八条 2 款规定使用电子数据处理技术以外的方式办理报关的情况。

第一六一条　实施权授权

欧盟委员会应通过授权实施法案，规定以下事项的程序性规则：

（a）本法第一五九条 3 款规定所指的主管海关办事处以外的海关办事处的确定，包括进境地和出境地海关办事处；

（b）本法第一五八条 2 款规定所指的报关的情况。

该项授权实施法案应按本法第二八五条 4 款的审查程序批准。

第二节　正式报关[①]

第一六二条　正式报关的内容

正式报关应包含执行货物所申请办理的海关监管程序规定所必需的所

① 也可译为标准报关，与简化报关、补充报关或其他非传统的报关相对。

有详细信息。

第一六三条 随附文件

1. 适用对货物申请办理的海关监管程序规定所必需的随附文件单证，应当由报关人保存并在正式报关时供海关当局使用。

2. 如果欧盟法律或海关检查有要求的，随附文件应向海关当局提交。

3. 特定情况下，经济从业人经海关当局专门批准可自行制作随附文件。

第一六四条 立法权授权

授权欧盟委员会按本法第二八四条规定通过授权立法法案，规定本法第一六三条 3 款规定所指的许可的审批规则。

第一六五条 实施权授权

欧盟委员会应通过授权实施法案，规定以下事项的程序性规则：

(a) 本法第一六二条规定的正式报关的办理；

(b) 本法第一六三条 1 款规定的随附文件的提供。

该项授权实施法案应按本法第二八五条 4 款规定的审查程序批准。

第三节 简化报关

第一六六条 简化报关

1. 海关当局可根据一项简化报关接受某人申请货物按某项海关监管程序办理，简化报关可省略部分本法第一六二条规定的详细信息或本法第一六三条规定的随附文件。

2. 长期办理本条 1 款规定的简化报关，应经海关当局批准。

第一六七条 补充报关

1. 按本法第一六六条规定办理简化报关或按本法第一八二条规定采用记账方式报关的，报关人应办理补充报关，补充报关应包含在某个特定时限内在主管海关办事处办理的所有相关海关监管程序所必需的详细信息。

按本法第一六六条规定办理简化报关的，所必需的随附文件应当由报关人持有并在特定的时限内供海关当局使用。

补充报关可以是总体性、定期性或集中性的报关。

2. 下列情况下，补充报关的义务应予免除：

（a）货物已按保税仓库监管程序监管；

（b）其他特定情况下。

3. 符合下列条件的，海关当局可不要求办理补充报关：

（a）简化报关涉及其价值和数量低于统计最低限额的货物；

（b）简化报关已经包含了相关海关监管程序所需的所有信息；

（c）简化报关未采用记账方式。

4. 本法第一六六条规定的简化报关或本法第一八二条规定的记账方式，与补充报关应被视为构成一份唯一的、不可分割的法律文件，分别于简化报关按本法第一七二条规定被接受之日和货物记入账册之日生效。

5. 适用本法第八十七条规定时，补充报关办理地点应当是办理正式报关的地点。

第一六八条　立法权授权

授权欧盟委员会按本法第二八四条规定通过授权立法法案，规定：

（a）本法第一六六条 2 款规定所指的许可的审批条件；

（b）本法第一六七条 1 款第一段规定所指的办理补充报关的具体时限；

（c）本法第一六七条 1 款第二段规定所指的随附文件应由报关人保存的具体时限；

（d）可按本法第一六七条 2 款（b）项规定免除补充报关义务的特定情况。

第一六九条　实施权授权

欧盟委员会应通过授权实施法案，规定以下事项的程序性规则：

（a）本法第一六六条规定的简化报关；

（b）本法第一六七条规定的补充报关。

该项授权实施法案应按本法第二八五条 4 款规定的审查程序批准。

第四节　适用于所有报关形式的规定

第一七〇条　办理报关

1. 除本法第一六七条 1 款另有规定外，能提供适用申报货物所办理的海关监管程序规定所要求的所有信息的任何人均可办理报关。该人也应当能亲自或指派他人向海关呈验货物。

但是，如果海关接受报关时对特定的人规定有特定的义务，该报关应由该人或其代理人办理。

2. 报关人应在欧盟关境内注册。

3. 作为本条 2 款规定的例外，不得要求下列报关人必须是在欧盟关境内注册的人：

（a）办理转关运输监管程序或暂时进口监管程序的人；

（b）偶尔办理报关的人，包括申请办理最终用途监管程序或进口加工监管程序的人，只要海关当局认为有正当理由这样做；

（c）在某个其领土与欧盟关境接壤的国家注册的人，以及在毗邻该国的欧盟边境某海关办事处向海关呈验所申报货物的人，只要该人所注册的国家对在欧盟关境内注册的人提供了相互的优惠。

4. 办理报关必须使用原件。

第一七一条　在货物呈验前办理报关

报关必须在向海关呈验货物前办理。报关办理后 30 天内未呈验货物的，海关当局应视为未办理报关。

第一七二条　接受报关

1. 只要所申报的货物已向海关呈验，符合本章规定条件的报关应当被海关当局立即接受。

2. 除另有规定外，海关当局接受报关的日期应为：关于报关货物所申请办理的海关监管程序的规定及对所有其他进口或出口手续的适用所使用的日期。

第一七三条　报关的更改

1. 报关人提出请求时，应被准许更改已被海关接受的正式报关中一项或多项详细信息。但更改不得使正式报关适用于与所申报货物以外的货物。

2. 下列时间后不得作任何更改：

（a）海关当局已告知办理报关人他们准备检查货物；

（b）海关当局已经认定报关的详细信息不正确；

（c）海关已经放行货物。

3. 海关接受报关之日起 3 年内，报关人如提出申请，可准许更改报关，以使报关人能履行将货物按相关海关监管程序监管所产生的义务。

第一七四条　报关的作废

1. 下列情况下，海关当局可根据报关人申请作废已经接受的正式报关：

（a）海关当局确信货物将立即按另一项海关监管程序监管；

（b）因特殊情况，海关当局确信货物按该项海关监管程序监管不再合理。

但是，海关当局如果已通知报关人将要检查货物，检查货物前不得受理正式报关作废的请求。

2. 除另有规定外，货物放行以后报关不得作废。

第一七五条　立法权授权

授权欧盟委员会按本法第二八四条规定通过授权立法法案，规定本法第一七四条 2 款规定所指的货物放行后报关不得作废的情况。

第一七六条　实施权授权

欧盟委员会应通过授权实施法案，规定下列事项的程序性规则：

（a）按本法第一七一条规定办理报关；

（b）本法第一七二条规定所指的报关的受理，包括此类规则在本法第一七九条规定所指的情况下的适用；

（c）按本法第一七三条 3 款规定在货物放行后更改报关。

该项授权实施法案应按本法第二八五条 4 款规定的审查程序批准。

第五节　其他简化措施

第一七七条　税则归类不同的货物的简化报关

1. 报关人提出申请时，一票货物因税则归类不同如按货物不同的税则归类办理报关单将增加大量工作，并且与应缴纳的进口或出口关税税额相比增加不适当的费用，海关当局可允许该票货物按其中进口或出口关税税率最高的税则归类确定适用税目，按此计征进口或出口关税。

2. 海关当局应拒绝对应被禁止或限制或应征消费税因此必须要求有正确税则归类的货物使用本条 1 款规定的简化措施。

第一七八条　实施权授权

欧盟委员会应通过授权实施法案，制定为适用本法第一七七条 1 款规定确定税则归类的措施。

该项授权实施法案应按本法第二八五条 4 款规定的审查程序批准。

第一七九条　一体化通关

1. 海关当局可根据申请，准许某人在其注册地主管海关办事处为已向另一个海关办事处呈验的货物办理正式报关。

办理正式报关及向海关呈验货物如果均由一国海关当局负责，可无须获得本款第一段规定的准许。

2. 本条 1 款规定所指的申请人应当是享受简化海关监管的“经认证的经济从业人”。

3. 接受此类报关的海关办事处应当：

（a）对货物按相关监管程序监管进行监控；

（b）进行本法第一八八条（a）项和（b）项规定的以审单为目的的海关检查；

（c）要求货物所呈验的海关办事处进行本法第一八八条（c）项及（d）项规定的以审单为目的的海关检查（必要时）；

（d）办理任何海关债项下的进口或出口关税的补税。

4. 接受此类报关的海关办事处与货物所呈验的海关办事处之间应互换审单及货物放行所必需的信息。

5. 在不影响对出入欧盟关境的货物所进行的检查情况下，货物所呈验的海关办事处，应进行本条 3 款（c）项规定的海关检查，并向接受报关的海关办事处提供其检查的结果。

6. 接受报关的海关办事处应在考虑以下情况后按本法第一九四条及第一九五条规定放行货物：

（a）本办事处为审单所进行的检查的结果；

（b）货物所呈验的海关办事处为审单所进行的检查及对出入欧盟关境的货物进行检查的结果。

第一八〇条　立法权授权

授权欧盟委员会按本法第二八四条规定通过授权立法法案，规定本法第一七九条 1 款第一段规定所指的许可的审批条件。

第一八一条　实施权授权

欧盟委员会应通过授权实施法案，规定以下事项的程序性规则：

（a）一体化通关，包括本法第一七九条规定所指的相应的海关手续及检查；

（b）在一体化通关条件下，对按本法第一八二条 3 款规定向海关呈验货物义务的免除。

该项授权实施法案应按本法第二八五条 4 款规定的审查程序批准。

第一八二条　记账形式报关

1. 海关当局可根据申请，准许某人采用记入报关人业务账册的形式办理正式报关，包括简化报关，只要采用记入报关人业务账册方式办理报关时海关当局能在报关人的电子系统中得到该票报关的详细信息。

2. 记入报关人业务账册应被视为海关已接受报关。

3. 海关当局可根据依据申请免除呈验货物的义务。在此情况下，货物记入报关人业务账册相当于被海关放行。

免予呈验货物的义务必须符合以下条件：

（a）报关人是享受简化海关监管待遇的“经认证的经济从业人”；

（b）相关货物的性质及流动与此相适应且海关当局了解；

（c）负责监管的海关办事处已获得所有其认为行使其必要时查验货物的权力所必需的信息；

（d）记入业务账册后，除在批准中另有规定外，货物不再受禁止或限制。

但是，负责监管的海关办事处在特定情况下可要求呈验货物。

4. 准许货物放行的条件应在批准中列明。

第一八三条　立法权授权

授权欧盟委员会按本法第二八四条规定通过授权立法法案，规定本法第一八二条1款规定所指的许可的审批条件。

第一八四条　实施权授权

欧盟委员会应通过授权实施法案，规定本法第一八二条规定所指的记账的程序性规则，包括相关的海关手续及海关检查。

该项授权实施法案应按本法第二八五条4款规定的审查程序批准。

第一八五条　自助报关

1. 海关当局可根据申请，批准某经济从业人以自助的方式履行某些由海关当局负责办理海关手续，确定进口和出口关税应征税款，并在海关监管下实施的某些检查。

2. 本条1款规定所指的许可的申请人必须是享受简化海关监管待遇的“经认证的经济从业人”。

第一八六条　立法权授权

授权欧盟委员会按本法第二八四条规定的通过授权立法法案，规定：

（a）本法第一八五条1款所指的许可的审批条件；

（b）本法第一八五条1款规定所指的许可相对人应办理的海关手续及应实施的检查。

第一八七条　实施权授权

欧盟委员会应按本法第一八五条1款规定通过授权实施法案，规定涉及许可相对人应办理的海关手续及检查的程序性规则。

此类授权实施法案应按本法第二八五条4款规定的审查程序批准。

第三章　审单及放行

第一节　审　单

第一八八条　审单

为审核一项已接受的报关中所含详细信息的准确性，海关当局可以：

（a）审核报关单及随附文件；

（b）要求报关人提供其他文件；

（c）查验货物；

（d）提取货样进行分析或对货物进行仔细查验。

第一八九条　查验货物及提取货样

1. 货物运抵查验或取样地点，对货物查验或取样所需的处置，应由报关人承担或由其负责，所发生的费用由报关人负担。

2. 查验货物或提取货样时，报关人本人或其代理有权在场。海关当局在查验货物或提取货样时，如果认为有必要，应要求报关人或其代理到场，以方便在查验或取样时提供必需的协助。

3. 对按现行法律规定取样的货物，海关不负责任何补偿，但应负担化验或查验的费用。

第一九〇条　部分查验和提取货样

1. 一票报关所申报的货物只有部分被查验或被提取货样时，部分查验结果或货样化验分析结果，应当适用该票报关所申报的全部货物。

但是，报关人如果认为部分查验结果或货样化验分析结果对所申报货物的其他部分无效，可请求进一步查验和取样。只要货物尚未放行，或者如果货物已经被放行，但报关人能证明货物没有以任何方式被改变，该请求应予以批准。

2. 适用本条1款规定时，如果一票报关申报了多项货物，每一项货物的详细信息应视为一次单独的报关。

第一九一条 审单结果

1. 审单结果可用于关于货物所办理的海关监管程序的规定的适用。

2. 未审单情况下，本条1款规定应依据该报关所含详细信息适用。

3. 各国海关当局的审单结果在欧盟关境全境具有同等效力。

第一九二条 货物辨认措施

1. 如果为保证货物符合所办理的海关监管程序的规定需要，海关当局或“经认证的经济从业人”（必要时）应采取辨认货物的必要措施。

此类货物辨认措施在欧盟全关境应具有同等的法律效力。

2. 用以辨认货物或运输工具的手段，除由于不可预见的情况和不可抗力的原因为保护货物或运输工具必须挪移或开拆外，只有海关当局或“经认证的经济从业人”才有权挪移或开拆。

第一九三条 实施权授权

欧盟委员会应通过授权实施法案，规定审单、查验货物、提取货样及分析化验结果的措施。

该项授权实施法案应按本法第二八五条4款规定的审查程序批准。

第二节 结 关

第一九四条 货物放行

1. 如果货物已符合所办理的海关监管程序的规定条件且货物不属任何禁止或限制措施管制的，海关当局应在审单（或者不审单）后立即放行货物。

本法第一八八条规定的审单在合理的时期内不能完成而且货物不再需要为审单目的向海关呈验时，本款第一段规定也应适用。

2. 同一票报关的所有货物应在同一时间被放行。

适用本段规定时，如果一票报关申报多项货物，有关每一项货物的详细信息应视为单独一票报关。

第一九五条　货物以缴纳海关债项下进口或出口关税税款或提供担保为条件放行

1. 按某项海关监管程序监管的货物如果发生海关债，货物在缴纳海关债项下进口或出口关税或提供担保后才能被放行。

但是，除本款第三段另有规定外，减征进口关税的暂时进口监管程序不得适用本款第一段规定。

海关当局如果根据货物所申请办理的海关监管程序的规定，要求提供海关债担保，该货物在此类担保提供以前不得按该项海关监管程序放行。

2. 在特定情况下，对申请关税配额的货物，不得以提供担保为条件放行。

3. 适用本法第一六六条、第一八二条及第一八五条规定的简化措施时，如果已提供总担保，海关当局放行货物不得以担保为条件。

第一九六条　立法权授权

授权欧盟委员会按本法第二八四条规定通过授权立法法案，规定本法第一九五条 2 款规定所指的情况。

第四章　货物的处置

第一九七条　销毁货物

海关当局认为有理由时，可要求销毁已向海关呈验的货物，并应据此告知货物持有人，货物销毁的费用应由货物持有人负担。

第一九八条　海关当局应采取的措施

1. 下列情况下，海关当局应对货物采取一切必要的措施，包括没收或变卖、销毁或处置货物：

(a) 非欧盟货物运入欧盟关境不履行海关法律法规规定的义务，或货物脱离海关监管；

（b）货物因下列原因不得被放行：

（i）因报关人原因在海关当局规定的时限内无法对货物进行或继续进行查验；

（ii）未提供货物申请办理的海关监管程序规定应提供的文件；

（iii）没有在规定时限内缴纳或提供应缴纳或应担保的进口或出口关税或担保；

（iv）货物应受禁止或限制规定管制。

（c）货物放行后在合理时限内未被提取；

（d）货物放行后发现不符合放行条件；

（e）货物按本法第一九九条规定被放弃上交国家。

2. 被放弃上交国家、扣押或没收的非欧盟货物，应当被视为已按保税仓库监管程序监管。该货物应当记入保税仓库运营人的存货账册；如果该货物由海关持有，应记入海关账册。

应销毁、放弃上交国家、扣押或没收的货物，如果已办理报关，账册中应注明该票报关。海关当局应作废该票报关。

3. 本条1款规定所指的措施的费用应由下列人负担：

（a）需履行相关义务的任何人或使货物脱离海关监管的人，本条1款（a）项规定所指的情况下；

（b）报关人，本条1款（b）项及（c）项规定所指的情况下；

（c）必须遵守关于货物放行的条件的人，本条1款（d）项规定所指的情况下；

（d）放弃货物的人，本条1款（e）项规定所指的情况下。

第一九九条　放弃货物

非欧盟货物和按最终用途监管程序监管的货物，经海关当局事先批准后可由该监管程序的相对人或货物持有人（指可行条件下）放弃上交国家。

第二〇〇条　实施权授权

欧盟委员会应通过授权实施法案，规定以下事项的程序性规则：

(a) 本法第一九七条规定所指的货物销毁;

(b) 本法第一九八条1款规定所指的货物变卖;

(c) 本法第一九九条规定所指的货物放弃上交国家。

该项授权实施法案应按本法第二八五条4款规定的审查程序批准。

第六编

自由流动结关及进口关税减免

第一章　自由流动结关

第二〇一条　适用范围及效力

1. 投放欧盟市场或旨在在欧盟关境内供个人使用或消费的非欧盟货物，应按自由流动结关。

2. 按自由流动结关应要求：

（a）征收应征的进口关税；

（b）征收其他税费（如有需要），按现行涉及这些税费征收的规定征收的；

（c）适用该货物此前未被适用的贸易政策措施及禁限措施；

（d）办理对货物进口规定的其他手续。

3. 自由流动结关可使非欧盟货物具有欧盟货物监管状态。

第二〇二条　贸易政策措施

1. 进口加工监管程序项下加工所得产品，按本法第八十六条 3 款规定计征进口关税后按自由流动结关时，应对其适用按进口加工监管程序监管的货物如果转为自由流动结关时应适用的贸易政策措施。

2. 废碎料不适用本条 1 款规定。

3. 进口加工监管程序项下加工所得产品，按本法第八十五条 1 款规定计征进口关税后按自由流动结关时，应对其只适用这些货物按进口加工监管程序监管时应适用的贸易政策措施。

4. 欧盟立法如果对自由流动结关规定有贸易政策措施，下列情况下，此类措施不得适用于出口加工监管程序结束后按自由流动结关的以下加工所得产品：

（a）该加工所得产品仍具有按本法第六十条规定定义的欧盟原产地状态；

（b）出口加工涉及其修理，包括本法第二六一条规定的标准交换系统；

（c）出口加工后将对其按本法第二五八条规定进行进一步加工。

第二章　进口关税减免规定

第一节　退返货物

第二〇三条　适用范围及效力

1. 非欧盟货物，从欧盟关境作为欧盟货物出口后，3 年内返回欧盟关境并报关办理自由流动结关，如相关人提出申请，可予以免征进口关税。

即使退返的货物仅含部分原先从欧盟关境出口的货物，仍可适用本款第一段规定。

2. 特殊情况下，本条 1 款规定的 3 年时限可超过。

3. 如果退还货物在从欧盟关境出口前已因其最终用途按免税或减税自由流动结关，只有在其以同样的最终用途按自由流动结关时才可按本条 1 款规定免征进口关税。

如果按自由流动结关的相关货物的最终用途不再相同，对该货物征收的进口关税应减去该货物第一次按自由流动结关时已征收的税款，但是，如果对该货物第一次征收的税款超过对退返货物按自由流动结关应征收的税款，可不予退还。

4. 欧盟货物如果按本法第一五四条规定失去其欧盟货物监管状态后按自由流动结关，应适用本条1款、2款及3款规定。

5. 货物只有按出口时的原状退返才可予以免税。

6. 免征进口关税应有能证明免税条件符合的信息支持。

第二〇四条　享受共同农业政策措施优惠的货物

除对特定情况另有规定外，本法第二〇三条规定所指的进口关税的减免不得适用于从欧盟关境出口时已享受共同农业政策措施优惠的货物。

第二〇五条　前已按进口加工监管程序监管的货物

1. 按进口加工监管程序监管后从欧盟关境复出口的加工所得产品应适用本法第二〇三条规定。

2. 根据报关人申请并且在提供必要的信息条件下，本条1款规定范围内的货物应按本法第八十六条3款规定征收进口关税。复出口报关接受日期应视为自由流动结关日期。

3. 按本法第二二三条2款（c）项规定出口的加工所得产品，除非能确定没有货物应按进口加工监管程序监管外，不得按本法第二〇三条规定免征进口关税。

第二〇六条　立法权授权

授权欧盟委员会按本法第二八四条规定通过授权立法法案，规定：

（a）货物被视为以出口时的原状退返的情况；

（b）本法第二〇四条规定所指的特定情况。

第二〇七条　实施权授权

欧盟委员会应通过授权实施法案，规定提供本法第二〇三条6款规定所指的信息的程序性规则。

该项授权实施法案应按本法第二八五条4款规定的审查程序批准。

第二节　远洋渔业及海洋产品

第二〇八条　远洋渔业捕捞产品及海洋其他产品

1. 除本法第六十条 1 款另有规定外，下列货物按自由流动结关时应免征进口关税：

(a) 远洋渔业捕捞产品及从欧盟关境以外国家或地区的领海获得的其他产品，仅由在成员国注册或备案并悬挂该国船籍旗的船舶获得的；

(b) 从本款 (a) 项规定所指产品获得的产品，在符合本款 (a) 项规定所指条件的加工船上加工获得的。

2. 本条 1 款规定所指的免税应有能证明符合该款规定所指条件的证据支持。

第二〇九条　实施权授权

欧盟委员会应通过授权实施法案，规定提供本法第二〇八条 2 款规定所指证据的程序性规则。

该项授权实施法案应按本法第二八五条 4 款规定的审查程序批准。

第七编

海关特定监管程序

第一章　总　则

第二一〇条　适用范围

货物可按下列任何一类海关特定监管程序监管：

（a）转关运输监管程序，包括外部转关监管程序及内部转关运输监管程序；

（b）存储监管程序，包括保税仓库监管程序及自由区监管程序；

（c）特定用途监管程序，包括暂时进口监管程序及最终用途监管程序；

（d）加工监管程序，包括进口加工监管程序及出口加工监管程序。

第二一一条　批准

1. 下列事务应获得海关当局批准：

（a）按进口加工监管程序或出口加工监管程序、暂时进口监管程序或最终用途监管程序监管；

（b）经营货物保税存储的存储设施，除经营人为海关当局本身外。

按上段规定所指的一项或多项海关监管程序的监管条件或准许经营存储设施的条件，应在批准证书中列明。

2. 符合以下条件的，海关当局应颁发具有追溯效力的批准证书：

（a）有被证实的经济需求；

（b）申请不涉嫌瞒骗；

（c）申请人根据账册及记录能证明：

（i）所申报办理的海关监管程序的所有要求均已符合；

（ii）货物能在所涉及的时限内辨认，如果有此需要；

（iii）此类账册及记录能使海关监管程序得到有效监管。

（d）能办理所有使货物状态合规的手续，包括相关报关的作废手续（有此需要时）；

（e）申请被受理后3年内，未向申请人颁发过具有追溯效力的批准证书；

（f）不需要审查经济条件的，除非某项申请涉及同一种类业务及货物的批准证书的展期；

（g）申请不涉及经营保税存储货物的存储设施；

（h）申请展期同一种类业务及货物的批准证书，在原批准证书有效期期满后3年内提出的。

如果按某项海关监管程序监管的货物在该批准证书的申请被接受时不再可以获得，海关当局也可颁发具有追溯效力的批准证书。

3. 除另有规定外，本条1款规定所指的批准证书只授予满足以下条件的人：

（a）在欧盟关境内注册的；

（b）为合规经营提供了必要担保的；享受简化海关监管待遇的“经认证的经济从业人”应当视为已符合该项条件，只要涉及某项特定监管程序的活动在本法第三十八条2款（a）项规定所指的批准证书中已被考虑；

（c）已按本法第八十九条规定提供担保的，如果货物按某项特定监管程序监管会发生一笔海关债或其他税费；

（d）使用货物或安排使用货物，或者对货物进行加工或安排对货物进行加工的人，指暂时进口监管程序或按进口加工监管程序监管的货物。

4. 除另有规定外，且作为本条3款规定的补充，本条1款规定所指的批准证书必须符合以下条件才可颁发：

（a）海关当局不必动用与经济需求不相称的行政资源便可行使海关监管的；

（b）批准某项加工监管程序不会使欧盟生产者的基本利益受到负面影响（经济条件）。

5. 除存在相反的证据外，本条4款（b）项规定所指的欧盟生产者的基本利益应视为没有受到负面影响。

6. 有证据证明欧盟生产者的基本利益有可能受到负面影响时，应在欧盟层面上对经济条件进行审查。

第二一二条　立法权授权

授权欧盟委员会按本法第二八四条规定通过授权立法法案，规定：

（a）本法第二一一条1款规定的批准审批条件；

（b）本法第二一一条3款及4款规定的条件例外；

（c）本法第二一一条5款规定的经济条件被视为符合的情况。

第二一三条　实施权授权

欧盟委员会应通过授权实施法案，规定本法第二一一条6款规定所指的经济条件审查的程序性规则。

该项授权实施法案应按本法第二八五条4款规定的审查程序批准。

第二一四条　建账

1. 除按转关运输监管程序监管或另有其他规定外，批准证书的持有人、海关监管程序的相对人，以及所有从事货物在自由区内存储、加工或买卖的人，应按海关当局批准的形式建立并保存业务账册。

业务账册应包含使海关当局能对相关海关监管程序进行监管的信息和详细情况，特别涉及在海关监管程序项下货物的辨认及涉及其海关监管状态及移动的信息和详细情况。

2. 享受简化海关监管待遇的“经认证的经济从业人”，只要其账册适用相关的特定监管程序，应被视为遵守了本条1款规定的义务。

第二一五条　特定监管程序的核销

1. 除转关运输监管程序及本法第二五四条另有规定外，一项特定监管程序的核销手续应当是：

——按该监管程序监管的货物或加工所得货物转按下一项海关监管程序监管；

——运离欧盟关境；

——被销毁（无残余废物）；

——按本法第一九九条放弃上交国家。

2. 转关运输监管程序应由海关当局于其根据出境地海关及运抵地海关所提供的数据对比后能够认定该程序已合规地结束之时核销。

3. 海关当局应采取一切必要措施使按某项海关监管程序监管但未按规定条件核销的货物处于合规监管状态。

4. 除另有规定外，海关监管程序的核销应有时间限制。

第二一六条　立法权授权

授权欧盟委员会按本法第二八四条规定通过授权立法法案，规定本法第二一五条 4 款规定所指的时限。

第二一七条　实施权授权

欧盟委员会应通过授权实施法案，规定本法第二一六条规定所指的核销某项特定监管程序的程序性规则。

该项授权实施法案应按本法第二八五条 4 款规定的审查程序批准。

第二一八条　权利及义务的转让

某项海关监管程序的相对人对货物按转关运输以外的某项特定监管程序监管而产生的权利与义务，可全部或部分转让给另一个符合相关监管程序规定的条件的人。

第二一九条　货物移动

在特定情况下，按转关运输以外的某项特定监管程序监管或在自由区内的货物，可在欧盟关境内的两地之间移动。

第二二〇条　简单处置

按保税仓库监管程序或某项加工监管程序监管的货物或在自由区内的货物，可接受以保存、改善外观或商业质量，或者零售或转售改包装为目的的简单处置。

第二二一条　立法权授权

授权欧盟委员会按本法第二八四条规定通过授权立法法案：

（a）规定按转关运输以外的某项特定监管程序监管或在自由区内的货物，可按本法第二一九条规定可在欧盟关境内的两地之间移动的特定情况及条件；

（b）规定按保税仓库监管程序或某项加工监管程序监管的货物或在自由区内的货物，可按本法第二二〇条规定接受的简单处置。

第二二二条　实施权授权

欧盟委员会应通过授权实施法案，规定以下事项的程序性规则：

（a）海关监管程序的相对人对货物按转关运输以外的某项特定监管程序监管而产生的权利与义务按本法第二一八条规定转让；

（b）按转关运输以外的某项特殊监管程序监管或在自由区内的货物按本法第二一九条规定移动。

该项授权实施法案应按本法第二八五条4款规定的审查程序批准。

第二二三条　串换货物

1. 串换货物应指取代按某项特定监管程序监管的货物进行存储、使用或加工的欧盟货物。

按出口加工监管程序监管时，串换货物应指取代按出口加工程序监管的欧盟货物接受加工的非欧盟货物。

除另有规定外，串换货物应当与被串换货物在《合并商品分类目录》中具有相同的8位商品分类编码和相同的商业质量及技术特性。

2. 只要程序合规，特别是海关能有效监管，海关当局应根据申请准许：

（a）在保税仓库监管程序、自由区监管程序、最终用途监管程序及某

项加工监管程序中使用串换货物;

(b) 在特定情况下，在暂时进口监管程序中使用串换货物;

(c) 按进口加工监管程序监管时，可在被串换货物出口之前进口使用串换货物加工所得的产品;

(d) 按出口加工监管程序监管时，可在被串换货物进口之前出口使用串换货物加工所得的产品。

享受简化海关监管待遇的“经认证的经济从业人”，只要相关监管程序中使用串换货物在本法第三十八条2款（a）项规定所指的认证中已有考虑，应被视为符合监管程序合规的条件。

3. 下列任何一种情况下不得使用串换货物:

(a) 按进口加工监管程序进行本法第二二〇条规定所指的简单处置的;

(b) 对按进口加工监管程序监管加工所得的产品的生产中使用的非欧盟货物（有按欧盟与欧盟关境以外的某些国家或地区或与这些国家或地区的集团之间签署的一项优惠安排框架下出具的原产地证明）规定有禁止退还或不征进口关税的条件的;

(c) 会产生不合理的进口关税优势或欧盟立法有规定的。

4. 在本条2款（c）项规定所指的情况下，按进口加工监管程序监管的加工所得产品如果没有出口意向应征收出口关税时，批准证书的持有人应提供对非欧盟货物未在本法第二五七条3款规定的时限内出口应缴纳的出口关税的担保。

第二二四条　立法权授权

授权欧盟委员会按本法第二八四条规定通过授权立法法案，规定:

(a) 本法第二二三条1款第三段规定所指的另有规定;

(b) 按本法第二二三条2款规定使用串换货物的条件;

(c) 在暂时进口监管程序中按本法第二二三条2款（b）项规定使用串换货物的特定情况;

(d) 不准许按本法第二二三条3款（c）项规定使用串换货物的情况。

第二二五条　实施权授权

欧盟委员会应通过授权实施法案，规定按本法第二二三条 2 款规定使用串换货物的程序性规则。

该项授权实施法案应按本法第二八五条 4 款规定的审查程序批准。

第二章　转关运输监管程序

第一节　外部及内部转关运输监管程序

第二二六条　外部转关运输监管程序

1. 按欧盟外部转关运输监管程序监管时，非欧盟货物在欧盟关境内的两点之间移动时不受下列任何一项规定限制：

（a）进口关税；

（b）现行相关法律规定的其他税费；

（c）贸易政策措施，只要不是禁止或限制进出欧盟关境的。

2. 欧盟货物在特定情况下应按欧盟外部转关运输监管程序监管。

3. 本条 1 款规定所指的移动应按下列一种监管方式进行：

（a）按欧盟外部转关运输监管程序监管；

（b）按《国际道路运输公约》① 规定办理，但有关移动必须是：

（i）启运地或抵运地在欧盟关境外；

（ii）借经欧盟关境以外的某一国境在欧盟关境内的两点之间移动。

---

① 指 1975 年 11 月在联合国欧洲经济欧盟委员会的主持下签署的《国际道路运输公约》（通称《TIR 公约》），该公约允许制度适用的企业持单证从启运国的海关到达抵运国的海关，中间经过的所有过境国海关无须对货物进行任何检查。

（c）按《货物暂准进口公约》/《伊斯坦布尔公约》[①] 规定办理，如果该移动需要过境；

（d）持“莱茵河航道运输载货清单”［《莱茵河航道航行公约（修订）》[②] 第九条规定］；

（e）持《北大西洋公约成员之间关于其武装力量法律地位的协议》（1951年6月19日在伦敦签署）规定的302号单证；

（f）按符合《万国邮政公约》[③] 基本规则规定的邮政体制办理，如果货物是由该公约的权利人及义务人本人或委托他人邮递的。

第二二七条　内部转关运输监管程序

1. 按内部转关运输监管程序监管时，并在本条2款规定所指的条件下，欧盟货物可借经欧盟关境外的某个国家或地区的在欧盟关境内的两点之间移动，货物海关监管状态不改变。

2. 本条1款规定所指的移动应按下列一种监管方式进行：

（a）按内部转关运输监管程序办理，只要某项国际协议规定可提供此类可能性；

（b）按《国际道路运输公约》规定办理；

（c）按《货物暂准进口公约》/《伊斯坦布尔公约》规定办理，如果该移动需要过境；

（d）持“莱茵河航道运输载货清单”［《莱茵河航道航行公约（修

---

① 《货物暂准进口公约》（Convention on Temporary Admission），又称《伊斯坦布尔公约》（Istanbul Convention），因1990年6月26日订于伊斯坦布尔而得名，它是在世界海关组织主持下制定的有关货物暂准进口的国际公约。公约旨在促进国际贸易和国际交往，为国际交往带来实际利益并确保作为海关合作理事会的简化和协调海关手续，便利货物暂准进口活动。即，采用标准格式的暂准进口单证作为带有国际担保的国际性海关文件可以在报关单证和担保方面为暂准进口手续提供便利。

② 该公约于1963年11月20日在斯特拉斯堡签署，1967年4月14日生效，缔约国为德国、比利时、爱尔兰、法国及瑞士，公约旨在鼓励保证高水平的莱茵河运输安全及环境。

③ 《万国邮政公约》是万国邮政联盟制定的一项有关处理国际邮政业务的基本法则的条约。

订)》第九条规定];

(e) 持《北大西洋公约成员之间关于其武装力量法律地位的协议》(1951年6月19日在伦敦签署) 规定的302号单证;

(f) 按符合《万国邮政公约》基本规则规定的邮政机制办理，如果货物是由该公约的权利人及义务人本人或委托他人邮递的。

第二二八条　转关运输意义上的单一领土

货物按《国际道路运输公约》、《货物暂准进口公约》/《伊斯坦布尔公约》、302号单证或邮政机制规定在欧盟关境内的两点之间移动时，从此类运输意义上讲，欧盟海关关境应当视为单一的领土。

第二二九条　禁止某人凭"TIR手册"① 办理国际道路运输业务

1. 某成员国海关当局关于禁止某相关人办理《国际道路运输公约》第三十八条规定所指的业务的决定，应在欧盟全关境适用，任何海关办事处不得接受该相关人的"TIR手册"。

2. 某成员国应向其他成员国及欧盟委员会通报按本条1款规定作出的决定，连同适用的日期。

第二三〇条　国际道路运输业务意义上的经认证的收货人

海关当局可依据申请批准某人为"经认证的收货人"，在经认证的地点接受按《国际道路运输公约》规定移动的货物，以便按《国际道路运输公约》第一条(d)项规定核销该监管程序。

第二三一条　立法权授权

授权欧盟委员会按本法第二八四条规定通过授权立法法案，规定:

(a) 欧盟货物应按本法第二二六条2款规定按外部转关运输程序监管的特定情况;

(b) 本法第二三〇条规定所指准许的审批条件。

---

① "TIR手册"是《国际道路运输公约》规定使用的，对持有该手册的道路运输货物，允许由发运地到达目的地，在海关签封条件下，中途不受检查，不征收关税，也可不交纳保证金。

第二三二条　实施权授权

欧盟委员会应通过授权实施法案，规定在欧盟关境内适用于本法第二二六条3款（b）项至（f）项，以及本法第二二七条2款（b）项至（f）项规定的程序性规则，制定规定时应考虑欧盟的需要。

该项授权实施法案应按本法第二八五条4款规定的审查程序批准。

第二节　欧盟转关运输

第二三三条　欧盟转关运输监管程序的相对人及按欧盟转关运输监管程序监管移动的货物的承运人和收货人的义务

1. 欧盟转关运输监管程序的相对人应承担以下各项责任：

（a）在规定时限内，向指运地海关办事处呈验保持原状的货物并提交所需的信息，并遵守海关当局为保证能辨认货物所采取的措施；

（b）遵守与该监管程序相关的海关规定；

（c）除海关法律法规另有规定外，提供担保以保证缴纳货物可能发生的海关债项下的进口或出口关税或其他税费（其他现行相关法律规定的）。

2. 货物在指运地海关办事处按海关法律法规转按某项海关监管程序监管并提交相关信息之时，转关运输监管程序的相对人的义务应视为已履行，转关运输监管程序应结束。

3. 承运人或收货人，如果在接受货物时知道货物正按欧盟转关运输监管程序移动，也应负责在规定的时限内并在遵守海关当局为能辨认货物所采取的措施条件下，向目的地海关呈验保持原状的货物。

4. 海关当局根据申请可批准对欧盟转关运输监管程序的办理或终止适用以下简化手续：

（a）经认证的承运人身份，允许经认证的承运人办理欧盟转关运输监管程序时不向海关呈验货物；

（b）经认证的收货人身份，允许经认证的收货人在某个经认证的地点接受按欧盟转关运输监管程序移动的货物，即可按本法第二三三条2款规定核销该监管程序；

（c）使用某种特定类型的关封，如果为确保能辨认按欧盟转关运输监管程序移动的货物需要施封；

（d）使用简化数据办理货物按欧盟转关运输监管程序监管；

（e）使用电子化的运输单证办理货物按欧盟转关运输监管程序监管，但该单证应载有该项报关和启运地及指运地海关办事处监管该货物和核销该监管程序所需的详细信息。

第二三四条 途经欧盟关境以外的某个国家或地区领土的货物按欧盟外部转关运输监管程序监管

1. 符合下列一项条件的，途经欧盟关境以外的某个国家或地区领土的货物应按欧盟外部转关运输监管程序监管：

（a）某项国际协议对此有规定；

（b）使用欧盟关境内制发的单一运输文件途经该国家或地区。

2. 在本条 1 款（b）项规定所指的情况下，货物在欧盟关境外期间，欧盟外部转关运输监管程序应中止运作。

第二三五条 立法权授权

授权欧盟委员会按本法第二八四条规定通过授权立法法案，规定本法第二三三条 4 规定所指批准的审批条件。

第二三六条 实施权授权

欧盟委员会应通过授权实施法案，规定以下事项的程序性规则：

（a）货物按欧盟外部转关运输监管程序监管及该监管程序的结束；

（b）本法第二三三条 4 款规定所指的简化手续；

（c）本法第二三四条规定所指途经欧盟关境以外的某个国家或地区领土的货物按欧盟外部转关运输监管程序的监管。

该项授权实施法案应按本法第二八五条 4 款规定的审查程序批准。

第三章　货物存储

第一节　共同适用的规定

第二三七条　适用范围

1. 非欧盟货物可按某项存储监管程序在欧盟关境内存储，不受以下任何一项规定限制：

（a）进口关税；

（b）按现行其他相关法律规定征收的其他税费；

（c）贸易政策措施，但货物必须是非禁止或限制进出欧盟关境的货物。

2. 欧盟货物可根据欧盟在特定领域的单项立法规定，或为享受某项决定准许的从进口关税退税或不征税优惠，按海关保税仓库监管程序或自由区监管程序监管。

3. 在有经济需要而且能保证海关监管的条件下，海关当局可批准欧盟货物在海关保税存储的存储设施中存储。此类货物不得被视为按海关保税仓库监管程序监管。

第二三八条　存储监管程序的时限

1. 货物按存储监管程序监管不受时间限制。

2. 在特定情况下，海关当局可对某项存储监管程序的核销规定某个时限，特别是在货物的类别和性质有可能对人类、动物或植物健康或对环境造成威胁的情况下。

第二三九条　实施权授权

欧盟委员会应通过授权实施法案，规定本法第二三七条 2 款规定所指的货物按保税仓库监管程序或自由区监管程序监管的程序性规则。

该项授权实施法案应按本法第二八五条 4 款规定的审查程序批准。

第二节　保税仓库监管程序

第二四〇条　在保税仓库中存储

1. 按保税仓库监管程序监管时，非欧盟货物可在海关当局为该监管程序批准并在海关监管之下的地点或其他任何地点（保税仓库）存储。

2. 保税仓库可供任何人按海关保税存储监管程序存储货物（公共保税仓库），或供海关保税监管程序批准证书持有人存储货物（自用保税仓库）。

3. 货物按保税仓库监管程序存储后可暂时移出仓库。此类出库除不可抗力外应由海关当局事先准许。

第二四一条　加工监管程序

1. 在有经济需要而且能保证海关监管情况下，海关当局可批准货物在保税仓库内按进口加工监管程序或按最终用途监管程序进行加工，但应遵守这些监管程序规定的条件。

2. 本条 1 款规定所指的货物不得被视为按保税存储监管程序监管的货物。

第二四二条　批准证书持有人或海关监管程序的相对人的责任

1. 批准证书持有人及海关监管程序的相对人应负责：

（a）保证按保税存储监管程序监管的货物不脱离海关监管；

（b）履行保税存储监管程序项下货物存储所产生的义务。

2. 作为本条 1 款规定的例外，批准设立公共保税仓库时，可规定本条 1 款（a）项或（b）项规定所指的责任全部由监管程序的相对人承担。

3. 监管程序的相对人应负责履行货物按保税仓库监管程序监管所产生的义务。

第三节　自由区

第二四三条　自由区的指定

1. 成员国可指定部分欧盟关境作为自由区。

成员国应规定每个自由区的区域范围并确定出入口。

2. 各成员国应向欧盟委员会通报其正在运行的自由区。

3. 自由区应封闭隔离。

自由区的边界及出入口应受海关监管。

4. 进出自由区的人员、货物及运输工具应接受海关检查。

第二四四条　自由区内的建筑及活动

1. 在自由区内建造任何建筑应事先获得海关当局批准。

2. 除海关法律法规另有规定外，自由区内允许从事任何工业、商业或服务业活动。进行此类活动应事先告之海关。

3. 海关当局可根据相关货物的性质或海关监管的要求或安全需要，对本条 2 款规定所指的活动予以禁止或限制。

4. 海关当局可禁止未对遵守本法各项规定提供必要担保的人在自由区内进行某项活动。

第二四五条　呈验货物及按海关监管程序监管

1. 下列任何一种情况下，运入自由区的货物必须向海关呈验并办理规定的海关手续：

(a) 货物从欧盟关境外直接运入自由区；

(b) 货物在其所办理的海关监管程序结束或核销时转改按自由区监管程序监管，如果货物已按某项海关监管程序监管；

(c) 货物按自由区监管程序监管以享受某项海关决定准许的进口关税退税或不征税待遇；

(d) 海关法律法规以外的其他立法规定应办理手续的。

2. 除本条 1 款规定的情况外，货物进入自由区可不向海关呈验。

3. 除本法第二四六条另有规定外，在下列时间节点，进入自由区的货物应被视为按自由区监管程序监管：

(a) 货物进入自由区之时，除非该货物已按另一项海关监管程序监管；

(b) 转关运输监管程序结束之时，除非该货物立即转按另一项海关监管程序监管。

第二四六条　自由区内的欧盟货物

1. 欧盟货物可进入自由区，或在自由区内存储、移动、使用、处理及消费。在此情况下，该货物不得被视为是按自由区监管程序监管的货物。

2. 海关当局可根据相关人的申请，认定下列货物具有欧盟货物监管状态：

（a）进入自由区的欧盟货物；

（b）在自由区内授受加工的欧盟货物；

（c）在自由区内已办理自由流动结关的货物。

第二四七条　自由区内的非欧盟货物

1. 非欧盟货物，只要继续在自由区内，可按自由流动结关或按进口加工监管程序、暂时进口监管程序或最终用途监管程序监管，但必须符合这些监管程序规定的条件。

在此情况下，该货物不得被视为是按自由区监管程序监管的货物。

2. 除关于供给或仓储的法律另有规定外，相关的海关监管程序如有此规定，本条1款规定不影响使用或消费如按自由流动结关或按暂时进口监管程序监管不会导致征收进口关税或适用共同农业政策或贸易政策规定的措施的货物。

在此类使用或消费情况下，不用办理自由流动结关或暂时进口报关。

但是，如果上述货物应受关税配额或关税上限管理，则应办理报关。

第二四八条　货物出区

1. 除海关领域以外的立法另有规定外，自由区内的货物可以从欧盟关境出口或复出口，或者运入欧盟关境的其他地区。

2. 货物出区运至欧盟关境的其他地区，应适用本法第一三四条至第一四九条规定。

第二四九条　货物的监管状态

货物从自由区出区运至欧盟关境的其他地区或转按某项海关监管程序监管后，除其欧盟货物的监管状态能被证明外，应被视为非欧盟货物。

但是，适用共同农业政策或贸易政策规定的出口许可或出口管制措施时，此类货物除非经认定不具有欧盟货物的监管状态外，应被视为欧盟货物。

第四章　特定用途监管程序

第一节　暂时进口监管程序

第二五〇条　适用范围

1. 按暂时进口监管程序监管时，旨在复出口的货物可在欧盟关境内按特定用途监管程序监管，全部或部分免征进口关税并不受下列任何规定限制：

（a）其他相关法律规定征收的其他税费；

（b）贸易政策措施，只要不属于禁止或限制进出欧盟关境的。

2. 暂时进口监管程序必须符合以下条件才能适用：

（a）货物不准备发生任何改变，因使用产生的正常磨损除外；

（b）按该监管程序监管的货物能保证辨认，除非由于货物的性质或预定的用途，没有辨认措施不会导致对该监管程序的任何滥用，或能审查对串换货物规定的条件是否得到遵守（在本法第二二三条规定所指的情况下）；

（c）除另有规定外，监管程序的相对人应是在欧盟关境以外注册的人；

（d）符合海关法律法规规定的免税或关税的要求。

第二五一条　货物按暂时进口监管程序监管的时限

1. 海关当局应规定货物按暂时进口监管程序监管后必须复运出境或转按另一项海关监管程序监管的时限。该时限应足以能使经批准的目的得以实现。

2. 除另有规定外，货物可在用于同一目的并由同一批准证书持有人承担责任条件下按暂时进口监管程序监管的最长时间为24个月，即使货物因转按另一项特定监管程序时程序已核销后再次按暂时进口监管程序监管。

3. 如果在特殊情况下被批准的用途无法在本条1款或2款规定所指的时限内实现，海关当局可根据批准证书持有人的合理请求，给予该时限一段合理时间的延期。

4. 除不可预见的情况外，货物按暂时进口监管程序监管的总时间不得超过10年。

第二五二条　减税暂时进口情况下的进口关税税额

1. 按减税暂时进口监管程序监管的货物，其应纳的进口关税税额应为该货物按该暂时进口监管程序监管之日若按自由流动结关应征税额的3%。

税款应按货物按减税暂时进口监管程序监管的月数每月征收或按天数征收（指不足1个月时）。

2. 应征收的进口关税，其税额不得超过该项货物办理暂时进口监管程序之日按自由流动结关应征收的税额。

第二五三条　立法权授权

授权欧盟委员会按本法第二四三条规定通过授权立法法案，规定：

（a）本法第二五〇条1款规定所指的特定用途；

（b）本法第二五〇条2款（d）项规定所指的要求。

第二节　最终用途

第二五四条　最终用途监管程序

1. 按最终用途监管程序监管时，货物可因其特定的用途免税或减税按自由流动结关。

2. 货物如果处于在经济上只允许用于规定的最终用途的生产阶段，海关当局可在批准时认定该货物符合被视为已用于减税或免税规定的用途的条件。

3. 货物如果适合重复使用并且海关当局认定有必要避免滥用，自货物第一次用于减免税规定的目的之日起，海关监管时间应持续不超过2年。

4. 海关在最终用途监管程序监管项下的监管应于下列任何一种情况下结束：

（a）货物已用于减税或免税规定的用途；

（b）货物被运离欧盟关境，被销毁或被放弃上交国家；

（c）货物已用于减免税规定的用途以外的用途，并且已经缴纳了应征收的关税。

5. 如果规定有产率，最终用途监管程序应适用本法第二五五条规定。

6. 货物按规定的最终用途接受处理或加工后产生的废碎物，以及因自然损耗所造成的损失，应被视为已用于指定最终用途的货物。

7. 按最终用途监管程序监管的货物被销毁时产生的废碎物，应被视为按保税仓库监管程序监管的货物。

第五章　加　工

第一节　一般规定

第二五五条　产率

除欧盟在特定领域的单项立法已规定有产率外，海关当局应对加工业务规定产率或平均产率，或该产率的确定方法（如果有可能）。

产率或平均产率应依据正在进行或准备进行的加工项目的实际情况确定。此类产率可在适当时按本法第二十八条规定调整。

第二节　进口加工监管程序

第二五六条　适用范围

1. 除本法第二二三条另有规定外，按进口加工监管程序监管时，非欧盟货物可在欧盟关境内用于一项或多项加工业务，并且不受下列任何规定限制：

（a）进口关税；

（b）现行其他法律规定征收的其他税费；

（c）贸易政策措施，只要不属于禁止或限制进出欧盟关境的。

2. 只有其按该监管程序监管时能在加工所得产品中可辨认的货物（在不影响使用配件条件下），才可用于修理和销毁以外的加工。

在本法第二二三条规定所指的情况下，是否符合对串换货物规定的条件如果可以审查，即可按程序办理。

3. 除本条 1 款及 2 款另有规定外，进口加工监管程序也可适用下列任一项货物：

（a）准备加工以保证其符合按自由流动结关的技术要求的；

（b）应按本法第二二〇条规定进行简单处置的。

第二五七条　核销时限

1. 海关当局应按本法第二一六条规定确定进口加工监管程序的核销时限。

该时限应从非欧盟货物按该程序监管之日起计算，并应考虑进行加工和核销该程序所需的时间。

2. 按本条 1 款规定确定的时限，海关当局可根据批准证书持有人的合理请求，准予一段合理时间的延期。

延期批准可规定从某个月或某个季度中间开始的时间段分别在次月或次季度的最后一天结束。

3. 按本法第二二三条 2 款（c）项规定先出口串换货物时，海关当局应规定非欧盟货物应报关按进口加工监管程序监管的时限，规定时应考虑货物采购和运抵欧盟关境所需的时间。

本款第一段规定所指的时限应按月确定，并且不得超过 6 个月。该时限从用相关串换货物加工所得产品出口报关接受之日起开始计算。

4. 应批准证书持有人要求，本条 3 款规定所指的 6 个月时限可以延长，即使在该时限到期之后，但总时限不得超过 12 个月。

第二五八条　旨在进一步加工的暂时复出口

海关当局可根据申请准许某些或所有按进口加工监管程序监管的货物或加工所得产品，按出口加工监管程序规定的条件，暂时复运出欧盟关境接受进一步加工。

第三节　出口加工监管程序

第二五九条　适用范围

1. 按出口加工监管程序监管时，欧盟货物可暂时运出欧盟关境接受加工。根据批准证书持有人或任何在欧盟关境内注册的人（只要该人已获得批准证书持有人的授权并且符合授权条件）的请求，用此类货物的加工所得产品可免征或减征进口关税按自由流动结关。

2. 下列任何一项欧盟货物不得按出口加工监管程序监管:

（a）出口可享受进口关税退税或不征税优惠的;

（b）出口前已按其最终用途免征进口关税按自由流动结关，但该最终用途的目的没有实现的，除非这些货物必须进行修理;

（c）出口享受出口退税待遇的;

（d）出口享受本款（c）项规定所指退税以外的共同农业政策项下的财政优惠的。

3. 海关当局应对暂时出口货物必须以加工所得产品的形式复运进欧盟关境并按自由流动结关以免征或减征进口关税规定时限。海关当局可根据批准证书持有人的合理请求，给予该时限一段合理时间的延期。

第二六〇条　保修货物

1. 海关当局如能证实，对货物的修理属于保修性质，无论因为合同规定或因保修规定产生的法定义务，或者因为某个生产或材料缺陷，应准予免征进口关税。

2. 本条 1 款规定不得适用在第一次按自由流动结关时已考虑过其生产

或材料缺陷的残损货物。

第二六一条 标准互换制度

1. 按标准互换制度办理时，进口货物（新换货物）可按本条 2 款至 5 款规定替代某项串换货物。

2. 海关当局应根据申请准许对残损的欧盟货物的修理业务按标准互换制度办理，但相关欧盟货物应不受共同农业政策措施或适用于用农产品加工所得产品的特殊安排的限制。

3. 新换货物与将接受修理的残损货物，均应归入《合并商品分类目录》同一个 8 位编码项下，具有相同的商业质量及相同的技术特性。

4. 残损货物如果出口前已使用过，新换货物必须也是使用过的。

但是，新换货物如果是免费提供的，无论是因为合同规定或因保修产生的法定义务，还是因为某个材料或生产缺陷而产生的保修，海关当局均应免除本款第一段规定的要求。

5. 本规定如果适用于[①]加工所得产品，也应适用于新换产品。

第二六二条 新换货物先进口

1. 海关当局应按其规定的条件，根据相关人的申请，准许在残损货物出口之前先进口新换货物。

新换货物先进口情况下应提供保证，担保应包含如果残损货物未按本条 2 款规定出口情况下应征收的进口关税税额。

2. 残损货物应在新换货物办理自由流动结关的报关海关当局接受之日起两个月内出口。

3. 但是，在特殊情况下，海关当局可根据批准证书持有人的合理请求，给予该时限一段合理时间的延期。

---

① 本条规定制定时尚未生效。

第八编

货物运离欧盟关境

第一章　货物出口前的手续

第二六三条　出口预申报

1. 将运离欧盟关境的货物，应在其运离欧盟关境前的规定期限内，向主管海关办事处办理出口预申报。

2. 本条1款规定的义务在以下情况下应予免除：

（a）交通工具及其所载货物仅穿越欧盟关境的领水或领空，在关境内不停留；

（b）在其他特定情况下，如果货物的类型或运输方式有正当理由或国际协定有要求。

3. 出口预申报应按下列形式办理：

（a）报关，如果将运离欧盟关境的货物正按某项需要办理此类报关的海关监管程序监管；

（b）复出口报关，按本法第二七〇条规定办理；

（c）出口申报，按本法第二七一条规定办理。

4. 出口预申报应包含为保证供应链安全的风险分析所需的详细信息。

第二六四条　风险分析

受理本法第二六三条规定所指的出口预申报的海关办事处，应保证在规定时限内根据该申报进行一项以供应链安全为主要目的的风险分析，并根据风险分析结果采取必要的措施。

第二六五条 立法权授权

授权欧盟委员会按本法第二八四条规定通过授权立法法案，规定：

（a）本法第二六三条1款规定所指的被运离欧盟关境之前就办理预出口报关的具体时限，规定时应考虑运输方式；

（b）按本法第二六三条2款（c）项规定免除办理预出口申报的特定情况。

第二六六条 实施权授权

欧盟委员会应通过授权实施法案，规定本法第二六四条规定所指按本法第二六三条1款规定所指进行风险分析的时限。

该项授权实施法案应按本法第二八五条4款规定的审查程序批准。

第二章 货物出境的手续

第二六七条 海关监管及出境手续

1. 将运离欧盟关境的货物应受海关监管，并可能接受海关检查。适当时，海关当局可规定货物运离欧盟关境应选择的路线及应遵守的时限。

2. 将运离欧盟关境的货物，应由下列人员其中之一在出境时向海关呈验：

（a）承运货物运离欧盟关境的人；

（b）以其名义或代表其实施将货物运出欧盟关境行为的人；

（c）承担货物运离欧盟关境前运输责任的人。

3. 适当时，应对将被运离欧盟关境的货物办理以下手续：

（a）退还或不征进口关税；

（b）支付出口退税；

（c）征收出口关税；

（d）按现行法律对其他税费规定办理的手续；

（e） 适用禁止和限制规定（主要基于公共道德、公共政策或公共安全的，保护人类、动物或植物的生命及健康的，保护环境的，保护国家具有艺术、历史、考古价值的财富，以及保护工业或商业产权等原因），包括对制毒前体，侵犯某些知识产权及现金管制，以及实施渔业保护及管理措施和贸易政策措施。

4. 在相关货物将以在以下之时相同的条件被运离欧盟关境的前提下，海关当局应批准出境放行：

（a） 正式报关或复出口报关被接受；或者

（b） 出境申报已办理。

第二六八条　实施权授权

欧盟委员会应通过授权实施法案，规定本法第二六七条规定所指出境的程序性规则。

该项授权实施法案应按本法第二八五条4款规定的审查程序批准。

第三章　出口及复出口

第二六九条　欧盟货物的出口

1. 将被运离欧盟关境的欧盟货物应按正式出口监管程序监管。

2. 下列欧盟货物不适用本条1款规定：

（a） 按出口加工监管程序监管的货物；

（b） 按最终用途监管程序监管后运离欧盟关境的货物；

（c） 作为飞机或船舶供给品（需要提供证据）免征增值税或消费税交付的货物，不论飞机或船舶的目的地；

（d） 按内部转关运输监管程序监管的货物；

（e） 按本法第一五五条规定临时运出欧盟关境的货物。

3. 在本条2款（a）项、（b）项及（c）项规定所指的情况下，应适用海关法律法规关于正式出口报关的规定。

第二七〇条　非欧盟货物复出口

1. 将运离欧盟关境的非欧盟货物应向主管海关办事处办理复出口报

关。

2. 复出口报关应适用本法第一五八条至第一九五条规定。

3. 下列货物不适用本条 1 款规定：

（a）按外部转关运输监管程序监管的货物，仅穿越欧盟关境的；

（b）在自由区内装船（机）或直接从自由区复出口的货物；

（c）临时存放后直接从某临时存储设施复出口的货物。

第四章 出境申报

第二七一条 办理出境申报

1. 将运离欧盟关境且未以报关或出境申报形式办理预出口申报的货物，应在出境地海关办事处办理出境申报。

海关当局可允许向另一个海关办事处办理出境申报，该海关办事处应立即向出境地海关办事处通报或采用电子方式使其能获得必要的详细信息。

2. 出境申报应由承运人办理。

作为承运人的义务的例外，下列人也可办理出境申报：

（a）出口人或发货人，或者其他以其名义或代表其实施承运行为的人；

（b）任何能亲自或委托他人向出境地海关办事处呈验相关货物的人。

3. 海关当局可接受通过商业、港口或运输信息系统办理出境申报，只要这些系统含有出境申报所需的详细信息，而且在货物被运离欧盟关境之前的某个特定时限内可获得这些信息。

4. 海关当局可接受从经济从业人的计算机系统中发送报告或可获得某票出境申报的详细信息作为出境申报。

第二七二条 出境申报的更改及作废

1. 报关人提出申请，可获准许在出境申报办理以后更改其中一项或多项详细信息。

出境申报在下列任何一种情况下不得更改：

（a）海关当局已通知办理出境申报的报关人海关将查验货物；

（b）海关当局已认定出境申报中有一项或多项详细信息不正确；

（c）海关当局已为出境放行了货物。

2. 已经办理出境申报但未被运离欧盟关境的货物，海关当局在下列一种情况下应作废该项出境申报：

（a）根据报关人的申请；

（b）出境申报办理后150天以内。

第二七三条　实施权授权

欧盟委员会应通过授权实施法案，规定以下事项的程序性规则：

（a）本法第二七一条规定所指的出境申报的办理；

（b）本法第二七二条1款第一段规定所指的出境申报的更改；

（c）本法第二七二条2款规定所指的出境申报的作废。

该项授权实施法案应按本法第二八五条4款规定的审查程序批准。

第五章　复出口报告

第二七四条　办理复出口报告

1. 本法第二七〇条3款（b）项及（c）项规定所指的非欧盟货物运离欧盟关境，如果办理出境申报的义务被免除，应办理复出口报告。

2. 复出口报告应按本法第二六七条2款规定由负责呈验货物的人向货物出境地海关办事处办理。

3. 复出口报告应含有办理自由区监管程序核销手续或临时存放终止手续所必需的详细信息。

海关当局可接受通过商业、港口或运输信息系统办理复出口报告，只要这些系统含有复出口报告所需的详细信息，而且在货物被运离欧盟关境之前的某个特定期限内可获得这些信息。

4. 海关当局可接受从经济从业人的计算机系统中发送报告或可获得某

票复出口报告的详细信息作为复出口报告。

第二七五条　复出口报告的更改及作废

1. 报关人提出申请，可获准许在复出口报告办理以后更改其中一项或多项详细信息。

复出口报告在下列任何一种情况下不得更改：

（a）海关当局已通知办理复出口报告的报关人海关将查验货物；

（b）海关当局已认定复出口报告中有一项或多项详细信息不正确或不完整；

（c）海关当局已按出境放行了货物。

2. 已经办理复出口报告但未被运离欧盟关境的货物，海关当局在下列一种情况下应作废该票复出口报告：

（a）根据报关人的申请；

（b）复出口报告办理后150天以内。

第二七六条　实施权授权

欧盟委员会应通过授权实施法案，规定以下事项的程序性规则：

（a）本法第二七四条规定所指的复出口报告的办理；

（b）本法第二七五条1款第一段规定所指的复出口报告的更改；

（c）本法第二七五条2款规定所指的复出口报告的作废。

该项授权实施法案应按本法第二八五条4款规定的审查程序批准。

第六章　出口关税的减免

第二七七条　暂时出口的欧盟货物的关税减免

除本法第二五九条另有规定外，暂时从欧盟关境出口的欧盟货物应享受关税减免待遇，但必须以复进口为条件。

第九编

电子系统、简化手续、立法权授权、欧盟委员会程序及最后条款

第一章　电子系统开发

第二七八条　过渡措施

适用本法规定所必需的电子系统尚未上线运行前，本法第六条1款规定所指的电子数据处理技术以外的信息互换及存储手段，可作为过渡措施至少使用至2020年12月31日。

第二七九条　立法权授权

授权欧盟委员会按本法第二八四条规定通过授权立法法案，规定本法第二七八条规定所指的情况下数据的互换及存储规则。

第二八○条　工作计划

1. 为支持本法第二七八条规定所指的电子系统的开发及过渡期的设立，欧盟委员会应在2014年5月1日前起草本法第十六条规定所指的关于开发和部署电子系统的工作计划。

2. 本条1款规定所指的工作计划应确定以下优先项目：

(a) 基于国际公认的数据模型及报文格式的协调的信息互换；

(b) 海关再造及与海关有关的流程再造，以提高海关及流程的效率、效能和统一实施并降低合规成本；

(c) 向经济从业人提供广泛的电子海关服务，使他们能够以相同的方

式与任何成员国的海关当局互动。

3. 本条 1 款规定所指的工作计划应定期更新。

第二八一条　实施权授权

欧盟委员会应通过授权实施法案，批准本法第二八〇条规定所指的工作计划。

该项授权实施法案应按本法第二八五条 4 款规定的审查程序批准。

委员会[①]未提出意见时，欧盟委员会不得通过本条 1 款规定所指的法案，并适用欧盟第（EU）182/2011 号条例第五条 4 款第三段规定。

第二章　海关法律法规的简化执法

第二八二条　先行先试

欧盟委员会可根据申请，批准一项或多项成员国在一段有限制的时期内试行海关法律法规的简化执法，特别是采用信息技术的执法。试行简化执法不得影响未参加该项试行的成员国的海关法律法规执法，并应定期评估。

第二八三条　实施权授权

欧盟委员会应通过授权实施法案，批准本法第二八二条规定所指的决定。

该项授权实施法案应按本法第二八五条 4 款规定的审查程序批准。

第三章　立法权授权及委员会[②]批准程序

第二八四条　授权的行使

1. 在本条规定的条件下授予欧盟委员会通过授权立法法案的权力。

① 指欧洲议会或欧盟理事会。

② 同上注。

2. 授予欧盟委员会通过本法第二条、第七条、第十条、第二十条、第二十四条、第三十一条、第三十六条、第四十条、第六十二条、第六十五条、第七十五条、第八十八条、第九十九条、第一〇六条、第一一五条、第一二二条、第一二六条、第一三一条、第一四二条、第一五一条、第一五六条、第一六〇条、第一六四条、第一六八条、第一七五条、第一八〇条、第一八三条、第一八六条、第一九六条、第二〇六条、第二一二条、第二一三条、第二二一条、第二二四条、第二三一条、第二三五条、第二五三条、第二六五条及第二七九条规定所指的授权立法法案的权力，为期5年，从2013年10月30日起算。5年期限结束前至少9个月前，欧盟委员会应起草一份关于立法权授权的报告。欧洲议会或欧盟理事会如在第一期期限结束前3个月前未对延期提出反对，立法权授权应在每一期期限结束时自动延长一个时间相同的期限。

3. 欧洲议会或欧盟理事会可随时收回本法第二条、第七条、第十条、第二十条、第二十四条、第三十一条、第三十六条、第四十条、第六十二条、第六十五条、第七十五条、第八十八条、第九十九条、第一〇六条、第一一五条、第一二二条、第一二六条、第一三一条、第一四二条、第一五一条、第一五六条、第一六〇条、第一六四条、第一六八条、第一七五条、第一八〇条、第一八三条、第一八六条、第一九六条、第二〇六条、第二一二条、第二一三条、第二二一条、第二二四条、第二三一条、第二三五条、第二五三条、第二六五条及第二七九条规定所指的立法权授权。收权决定中应明确具体要收回的立法权授权，并于在《欧盟官方公报》上发布的次日与其决定规定的较晚的时间生效。收权决定不得影响任何现行授权立法法案的有效性。

4. 授权立法法案一旦通过，欧盟委员会应同时向欧洲议会和欧盟理事会通报。

5. 按本法第二条、第七条、第十条、第二十条、第二十四条、第三十一条、第三十六条、第四十条、第六十二条、第六十五条、第七十五条、第八十八条、第九十九条、第一〇六条、第一一五条、第一二二条、第一二六条、第一三一条、第一四二条、第一五一条、第一五六条、第一六〇条、第一六四条、第一六八条、第一七五条、第一八〇条、第一八二条、第一八六条、第一九六条、第二〇六条、第二一二条、第二一三条、第二二一条、第二二四条、第二三一条、第二三五条、第二五三条、第二六五条及第二七九条规定通过的授权立法法案必须在向欧洲议会或欧盟理事会通报后2个月内任何一会没有提出反对的意见后生效，或者在欧洲议会及欧盟理事会均通知欧盟委员会无反对意见时生效（如果该时限到期前）。该时限可根据欧洲议会或欧盟理事会的动议延长2个月。

第二八五条　欧盟委员会的批准程序

1. 欧盟委员会应在欧盟海关法典委员会协助下工作。欧盟海关法典委员会指欧盟第（EU）182/2011号条例规定所定义的委员会。

2. 引用本款规定时，应适用欧盟第（EU）182/2011号条例第四条规定。

3. 引用本款规定时，应适用欧盟第（EU）182/2011号条例第八条规定连同第四条规定。

4. 引用本款规定时，应适用欧盟第（EU）182/2011号条例第五条规定。

5. 引用本款规定时，应适用欧盟第（EU）182/2011号条例第八条规定连同第五条规定。

6. 按书面程序获得欧盟委员会意见并引用了本款规定的，该程序只有委员会主席在提交意见的规定时限内决定按此办理时才可无结果地终止。

第四章　最后条款

第二八六条　现行法律法规的废止及修订

1. 废止欧盟第（EC）450/2008号条例。

2. 欧盟第（EEC）3925/91号条例、欧盟第（EEC）2913/92号条例及欧盟第（EC）1207/2001号条例，于本法第二八八条2款规定所指的当日废止。

3. 引用已废止的欧盟条例应构成引用本条例，并应按附件所列转换表解读。

4. 欧盟第（EEC）2913/92 号条例第三条 1 款规定第六句规定所指“及马约特岛”一句从 2014 年 1 月 1 日起删除。

5. 欧盟第（EEC）2658/87 号条例第九条 1 款（a）项规定第一句自本法第二八八条 2 款规定所指的当日起删除。

第二八七条　生效日期

本条例于在《欧盟官方公报》上发布之日起第 20 天当天生效。

第二八八条　适用日期

1. 本法第二条、第七条、第八条、第十条、第十一条、第十七条、第二十条、第二十一条、第二十四条、第二十五条、第三十一条、第三十二条、第三十六条、第三十七条、第四十条、第四十一条、第五十条、第五十二条、第五十四条、第五十八条、第六十二条、第六十三条、第六十五条、第六十六条、第六十八条、第七十五条、第七十六条、第八十八条、第九十九条、第一〇〇条、第一〇六条、第一〇七条、第一一五条、第一二二条、第一二三条、第一二六条、第一三一条、第一三二条、第一三八条、第一四二条、第一四三条、第一五一条、第一五二条、第一五六条、第一五七条、第一六〇条、第一六一条、第一六四条、第一六五条、第一六八条、第一六九条、第一七五条、第一七六条、第一七八条、第一八〇条、第一八一条、第一八三条、第一八四条、第一八六条、第一八七条、第一九三条、第一九六条、第二〇〇条、第二〇六条、第二〇七条、第二〇九条、第二一二条、第二一三条、第二一六条、第二一七条、第二二一条、第二二二条、第二二四条、第二二五条、第二三一条、第二三二条、第二三五条、第二三六条、第二三九条、第二五三条、第二六五条、第二六六条、第二六八条、第二七三条、第二七六条、第二七九条、第二八〇条、第二八一条、第二八三条、第二八四条、第二八五条及第二八六条规定的适用日期为 2013 年 10 月 30 日起。

2. 本条 1 款规定所指以外的各条规定，从 2016 年 6 月 1 日起适用。

本条例对所有成员国具有整体性约束力并直接适用。

2013 年 10 月 9 日于斯特拉斯堡拟定。

欧洲议会主席　　　　欧盟理事会代表 轮值主席

舒尔茨先生　　　　V. 林克维丘斯

附　件

转换表

第（EC）450/2008 号条例	本条例
第一条 1 款及 2 款	第一条 1 款及 2 款
第一条 3 款第一段	第一条 3 款
第一条 3 款第二段	第二条
第二条	第三条
第三条	第四条
第四条（1）款至（8）款	第五条（1）款至（8）款
第四条（9）款	第五条（9）款及（10）款
第四条（10）款	第五条（12）款
第四条（11）款及（12）款	第五条（15）款及（16）款
第四条（13）款至（17）款	第五条（18）款至（22）款
第四条（18）款（a）项第一句	第五条（23）款（a）项
第四条（18）款（a）项第二句	第一三〇条 3 款
第四条（18）款（b）项及（c）项	第五条（23）款（b）项及（c）项
第四条（19）款至（26）款	第五条（24）款至（31）款
第四条（27）款至（32）款	第五条（33）款至（38）款
第四条（33）款	–
第五条 1 款第一段	第六条 1 款
第五条 1 款第二段及第三段	第六条 3 款及第七条（b）项
第五条 2 款	第六条 2 款、第七条（a）项及第八条 1 款（a）项
第六条	第十二条
第七条	第十三条
第八条	第十四条
第九条	第十五条
第十条 1 款	第九条及第十六条 1 款
第十条 2 款	第十条、第十一条及第十七条

续表 1

第（EC）450/2008 号条例	本条例
第十一条 1 款第一段及第二段	第十八条
第十一条 1 款第三段	第十八条 2 款第一段
第十一条 2 款	第十八条 3 款
第十一条 3 款（a）项	第十八条 2 款第二段及第二十一条
第十一条 3 款（b）项	第二十一条
第十一条 3 款（c）项	–
第十二条 1 款	第十九条 1 款
第十二条 2 款第一段	第十九条 2 款第一段
第十二条 2 款第二段	第十九条 2 款第二段及第二十条（b）项
第十三条 1 款	第三十八条 1 款
第十三条 2 款	第三十八条 2 款及 3 款
第十三条 3 款	第三十八条 4 款
第十三条 4 款	第三十八条 5 款第一句
第十三条 5 款	–
第十三条 6 款	第二十三条 2 款
第十四条	第三十九条
第十五条 1 款（a）项	第二十二条、第二十四条（a）项至（g）项、第二十五条（a）项及（b）项
第十五条 1 款（b）项	第二十三条 4 款（b）项及第二十四条（h）项
第十五条 1 款（c）项	–
第十五条 1 款（d）项	第二十二条 1 款第三段及第二十四条（a）项
第十五条 1 款（e）项	第四十条（b）项
第十五条 1 款（f）项	第二十五条（b）项

续表 2

第（EC）450/2008 号条例	本条例
第十五条 1 款（g）项	第二十三条 4 款（b）项、第二十四条（h）项、第二十四条（c）项、第二十八条、第三十一条（b）项及第三十二条
第十五条 1 款（h）项	–
第十五条 2 款	–
第十六条 1 款	第二十二条 1 款第一段及第二段
第十六条 2 款	第二十二条 3 款第一段及第二段
第十六条 3 款	第二十二条 2 款
第十六条 4 款第一段	第二十二条 6 款第一段第一句
第十六条 4 款第二段	第二十二条 6 款第一段第二句及第二十二条 7 款
第十六条 5 款（a）项	第二十二条 6 款第二段及第二十四条（g）项
第十六条 5 款（b）项	第二十四条（f）项
第十六条 6 款	第二十三条 3 款
第十六条 7 款	第二十九条
第十七条	第二十六条
第十八条 1 款至 3 款	第二十七条
第十八条 4 款	第三十二条
第十九条 1 款	第二十八条 1 款（a）项
第十九条 2 款及 3 款	第二十八条 2 款及 3 款
第十九条 4 款	第二十八条 4 款第一段及第二段第一句
第十九条 5 款	第三十一条（a）项
第二十条 1 款至 4 款	第二十二条
第二十条 5 款	第三十四条 4 款
第二十条 6 款第一段	第三十四条 5 款第一句
第二十条 6 款第二段	第三十四条 6 款

续表3

第（EC）450/2008号条例	本条例
第二十条7款	第二十二条、第二十三条、第二十四条、第二十五条及第三十二条
第二十条8款（a）项	第三十四条1款至3款
第二十条8款（b）项	第三十四条9款及第三十七条1款（a）项
第二十条8款（c）项	第三十四条11款及第三十七条2款
第二十条9款	第三十五条、第三十六条（b）项、第三十七条1款（c）项及（d）项
第二十一条	第四十二条
第二十二条	第四十三条
第二十三条	第四十四条
第二十四条1款及2款	第四十五条1款及2款
第二十四条3款第一段	第四十五条3款
第二十四条3款第二段	–
第二十五条1款	第四十六条1款
第二十五条2款第一段	第四十六条2款
第二十五条2款第二段及第三段	第四十六条3款
第二十五条3款	第四十六条4款至8款及第五十条1款
第二十六条	第四十七条
第二十七条	第四十八条
第二十八条1款及2款	第四十九条
第二十八条3款	第五十条2款
第二十九条	第五十一条
第三十条1款	第五十二条
第三十条2款	–
第三十一条1款	第五十三条1款
第三十一条2款	第五十三条3款

续表 4

第（EC）450/2008 号条例	本条例
第三十一条 3 款	第五十四条
第三十二条	第五十五条
第三十三条 1 款至 4 款	第五十六条 1 款至 4 款
第三十三条 5 款	第五十六条 5 款及第五十八条 1 款
第三十四条	第五十七条 1 款、2 款及 3 款
第三十五条	第五十九条
第三十六条	第六十条
第三十七条	第六十一条
第三十八条	第六十二条、第六十三条、第六十七条及第六十八条
第三十九条 1 款及 2 款	第六十四条 1 款及 2 款
第三十九条 3 款	第六十四条 3 款第一段
第三十九条 4 款及 5 款	第六十四条 4 款及 5 款
第三十九条 6 款	第六十四条 3 款第二段、第六十四条 6 款及第六十三条至第六十八条
第四十条	第六十九条
第四十一条	第七十条
第四十二条 1 款	第七十四条 1 款
第四十二条 2 款	第七十四条 2 款（a）项至（c）项及（d）项的引句
第四十二条 3 款	第七十四条 3 款
第四十三条（a）项	第七十一条、第七十二条及第七十六条（a）项
第四十三条（b）项	第七十四条 2 款（d）项（i）目、（ii）目及（iii）目
第四十三条（c）项	–

续表5

第（EC）450/2008号条例	本条例
第四十三条（d）项	第七十三条、第七十五条、第七十六条（b）项及（c）项
第四十四条	第七十七条
第四十五条	第七十八条
第四十六条	第七十九条
第四十七条	第八十条
第四十八条	第八十一条
第四十九条	第八十二条
第五十条	第八十三条
第五十一条	第八十四条
第五十二条	第八十五条
第五十三条1款至3款	第八十六条1款至3款
第五十三条4款	第八十六条6款
第五十四条（a）项及（b）项	第八十六条5款及第八十八条（a）项
第五十四条（c）项	第八十六条4款及第八十八条（b）项
第五十五条1款	第八十七条1款
第五十五条2款第一段	第八十七条2款
第五十五条2款第二段	第八十八条（c）项
第五十五条3款及4款	第八十七条3款及4款
第五十六条1款至5款	第八十九条1款至5款
第五十六条6款	第八十九条7款
第五十六条7款	第八十九条9款
第五十六条8款	第八十九条2款第二段
第五十六条9款第一句	第一〇〇条1款（b）项
第五十六条9款第二句	第八十九条8款及第九十九条（a）项
第五十六条9款第三句	第八十九条2款第二段
第五十七条1款及2款	第九十条
第五十七条3款	第一〇〇条1款（a）项

续表 6

第（EC）450/2008 号条例	本条例
第五十八条第一段	第九十一条
第五十八条第二段	–
第五十九条 1 款第一段	第一〇〇条 1 款
第五十九条 1 款第二段	第九十九条（b）项
第五十九条 2 款	第九十二条 2 款
第六十条	第九十三条
第六十一条	第九十四条
第六十二条 1 款及 2 款	第九十五条 1 款及 2 款
第六十二条 3 款	第二十二条、第二十四条（a）项至（g）项、第二十五条（a）项及（b）项、第九十九条（c）项
第六十三条 1 款及 2 款	–
第六十三条 3 款（a）项	–
第六十三条 3 款（b）项	第九十六条 1 款（a）项、第九十六条 2 款、第一〇〇条 1 款（c）项及第一〇〇条 2 款
第六十三条 3 款（c）项	第九十六条 1 款（b）项、第九十六条 2 款、第一〇〇条 1 款（c）项及第一〇〇条 2 款
第六十四条	第九十七条
第六十五条 1 款及 2 款	第九十八条
第六十五条 3 款	第九十九条（d）项及第一〇〇条 1 款（b）项
第六十六条	第一〇一条 1 款及 2 款
第六十七条 1 款第一段及第二段	第一〇二条 1 款
第六十七条 1 款第三段	第一〇六条

续表 7

第（EC）450/2008 号条例	本条例
第六十七条 2 款及 3 款	第一〇二条 2 款及 3 款第一段
第六十八条 1 款及 2 款	第一〇三条 1 款及 2 款
第六十八条 3 款	第一〇三条 3 款（a）项
第六十八条 4 款	第一〇三条 4 款
第六十九条	第一〇四条
第七十条	第一〇五条 1 款至 5 款
第七十一条	第一〇五条 6 款
第七十二条 1 款及 2 款	第一〇八条 1 款及 2 款
第七十二条 3 款	第一〇八条 3 款及第一一五条
第七十三条	第一〇九条
第七十四条	第一一〇条
第七十五条	第一一一条
第七十六条	–
第七十七条 1 款第一段	第一一二条 1 款
第七十七条 1 款第二段及第三段	第一一二条 2 款
第七十七条 2 款	第一一二条 3 款
第七十七条 3 款	第一一二条 4 款
第七十八条 1 款第一段	第一一三条
第七十八条 1 款第二段	第九十九条（d）项及第一〇〇条 1 款（b）项
第七十八条 2 款至 4 款	第一一四条 1 款至 3 款
第七十八条 5 款	第一一四条 4 款
第七十九条 1 款	第一一六条 1 款
第七十九条 2 款至 5 款	第一一六条 4 款至 7 款
第八十条	第一一七条 1 款
第八十一条 1 款及 2 款	第一一八条 1 款及 2 款
第八十一条 3 款	第一一八条 4 款

续表 8

第（EC）450/2008 号条例	本条例
第八十二条 1 款	第一一九条 1 款
第八十二条 2 款	第一一九条 3 款
第八十三条	第一二〇条 1 款
第八十四条 1 款	第一二一条 1 款
第八十四条 2 款	第一二一条 3 款
第八十五条第一句	第一一六条 2 款、第一一七条 2 款、第一一八条 3 款、第一一九条 2 款、第一二〇条 2 款、第一二一条 2 款及第一二三条 1 款
第八十五条第二句	第一〇六条 3 款、第一二二条及第一二三条 2 款
第八十六条 1 款引句	第一二四条 1 款引句及（a）项
第八十六条 1 款（a）项至（c）项	第一二四条 1 款（b）项至（d）项
第八十六条 1 款（d）项及（e）项	第一二四条 1 款（e）项
第八十六条 1 款（f）项至（k）项	第一二四条 1 款（f）项至（k）项
第八十六条 2 款及 3 款	第一二四条 2 款及 3 款
第八十六条 4 款至 6 款	第一二四条 5 款至 7 款
第八十六条 7 款	第一二六条
第八十七条 1 款	第一二七条 1 款及第一二七条 2 款（a）项
第八十七条 2 款第一段	第一二七条 3 款第一段
第八十七条 2 款第二段	第一二七条 8 款
第八十七条 3 款第一段（a）项	第一二七条 2 款（b）项及第一三一条（a）项
第八十七条 3 款第一段（b）项及（c）项	第一三一条（b）项
第八十七条 3 款第一段（d）项	第一二七条 3 款及第一六一条（a）项

续表 9

第（EC）450/2008 号条例	本条例
第八十七条 3 款第二段	–
第八十八条 1 款第一段第一句	第六条 1 款
第八十八条 1 款第一段第二句	第一二七条 7 款
第八十八条 1 款第二段	第六条 2 款
第八十八条 2 款	第一二七条 4 款第一段
第八十八条 3 款	第一二七条 4 款第二段及 6 款
第八十八条 4 款第一段	第一三三条 1 款第一段
第八十八条 4 款第二段及第三段	第六条 2 款及第七条（a）项
第八十九条 1 款	第一二九条 1 款
第八十九条 2 款	–
第九十条	第一三〇条 1 款
第九十一条	第一三四条
第九十二条 1 款第一段	第一三五条 1 款
第九十二条 1 款第二段	第一三五条 2 款
第九十二条 1 款第三段	–
第九十二条 2 款至 5 款	第一三五条 3 款至 6 款
第九十三条 1 款	第一三六条
第九十三条 2 款	–
第九十四条	第一三七条
第九十五条 1 款	第一三九条 1 款
第九十五条 2 款及 3 款	第一三九条 3 款及 4 款
第九十五条 4 款	第一三九条 6 款
第九十六条 1 款及 2 款	第一四〇条
第九十六条 3 款	第一三九条 7 款
第九十七条 1 款	第一四九条
第九十七条 2 款	第一五〇条
第九十八条 1 款	第一四四条
第九十八条 2 款	第一三九条 5 款

续表 10

第（EC）450/2008 号条例	本条例
第九十九条	第一四一条 1 款
第一〇〇条	第一四一条 2 款
第一〇一条 1 款	第一五三条 1 款
第一〇一条 2 款（a）项	第一五三条 2 款及第一五六条（a）项
第一〇一条 2 款（b）项	第一五六条（b）项及第一五七条
第一〇一条 2 款（c）项	第一五三条 3 款及第一五六条（c）项
第一〇二条	第一五四条
第一〇三条	第一五五条 2 款及第一五六条（d）项
第一〇四条 1 款	第一五八条 1 款
第一〇四条 2 款	第一五八条 3 款
第一〇五条 1 款	第一五九条 1 款及 2 款
第一〇五条 2 款（a）项及（b）项	第一五九条 3 款及第一六一条（a）项
第一〇五条 2 款（c）项	第二十二条 1 款第三段及第二十五条（c）项
第一〇六条 1 款第一段第一句	第一七九条 1 款第一段
第一〇六条 1 款第一段第二句	–
第一〇六条 2 款	第一七九条 3 款及 6 款
第一〇六条 3 款	第一七九条 5 款
第一〇六条 4 款第一段（a）项	第二十二条、第二十四条（a）项至（g）项、第二十五条（a）项及（b）项
第一〇六条 4 款第一段（b）项	第二十三条 4 款（a）项及第二十四条（h）项
第一〇六条 4 款第一段（c）项	第一七九条 1 款第二段、第一七九条 2 款及第一八〇条
第一〇六条 4 款第一段（d）项	第二十二条 1 款第三段及第二十四条（a）项

续表 11

第（EC）450/2008 号条例	本条例
第一〇六条 4 款第一段（e）项	第二十五条（b）项
第一〇六条 4 款第一段（f）项	第二十三条 4 款（b）项、第二十四条（h）项、第二十八条、第三十一条（b）项及第三十二条
第一〇六条 4 款第一段（g）项及（h）项	第一八一条
第一〇六条 4 款第二段	–
第一〇七条 1 款第一句	第六条 1 款
第一〇七条 1 款第二句	第一八二条 1 款
第一〇七条 2 款	第一五八条 2 款
第一〇七条 3 款	第一六〇条、第一六一条（b）项、第一八二条 2 款至 4 款、第一八三条及第一八四条
第一〇八条 1 款第一段第一句	第一六二条
第一〇八条 1 款第一段第二句及第三句	第一七〇条 4 款
第一〇八条 1 款第二段	第六条 2 款、第七条（a）项及第八条 1 款（a）项
第一〇八条 2 款	第一六三条 1 款及 2 款
第一〇八条 3 款第一段	第八条 1 款
第一〇八条 3 款第二段	–
第一〇八条 4 款	第一六三条 3 款、第一六四条及第一六五条（b）项
第一〇九条 1 款	第一六六条 1 款
第一〇九条 2 款	第一六六条 2 款及第一六八条（a）项
第一〇九条 3 款	第六条 2 款、第七条（a）项、第八条 1 款（a）项及第一六五条（a）项

续表 12

第（EC）450/2008 号条例	本条例
第一一〇条 1 款第一段	第一六七条 1 款第一段
第一一〇条 1 款第二段	第一六七条 1 款第三段
第一一〇条 1 款第三段	第一六七条 2 款及 3 款、第一六八条（d）项
第一一〇条 2 款及 3 款	第一六七条 4 款及 5 款
第一一一条 1 款	第一七〇条 1 款
第一一一条 2 款第一句	第一七〇条 2 款
第一一一条 2 款第二句	第一七〇条 3 款（a）项及（b）项
第一一一条 3 款	第一七〇条 3 款（c）项
第一一二条 1 款第一段	第一七二条 1 款
第一一二条 1 款第二段第一句	第一八二条 2 款
第一一二条 1 款第二段第二句	第一八二条 3 款
第一一二条 2 款	–
第一一二条 3 款	第一七二条 2 款
第一一二条 4 款	第一七六条（b）项
第一一三条 1 款及 2 款	第一七三条 1 款及 2 款
第一一三条 3 款	第一七三条 3 款及第一七六条（c）项
第一一四条 1 款	第一七四条 1 款
第一一四条 2 款第一段	第一七四条 2 款
第一一四条 2 款第二段	第一七五条
第一一五条第一段	第一七七条 1 款
第一一五条第二段	第一七七条 2 款及第一七八条
第一一六条 1 款	第一八五条 1 款
第一一六条 2 款第一段（a）项	第二十二条、第二十四条（a）项至（g）项、第二十五条（a）项及（b）项

续表 13

第（EC）450/2008 号条例	本条例
第一一六条 2 款第一段（b）项	第二十三条 4 款（a）项、第二十三条 5 款、第二十四条（h）项及第二十五条（c）项
第一一六条 2 款第一段（c）项及（d）项	第一八五条 2 款及第一八六条（a）项
第一一六条 2 款第一段（e）项	第二十二条 1 款第三段及第二十四条（a）项
第一一六条 2 款第一段（f）项	第二十五条（b）项
第一一六条 2 款第一段（g）项	第二十三条 4 款（b）项、第二十四条（h）项、第二十八条、第三十一条（b）项及第三十二条
第一一六条 2 款第一段（h）项及（i）项	第一八六条（b）项及第一八七条
第一一六条 2 款第二段	–
第一一七条	第一八八条
第一一八条	第一八九条
第一一九条 1 款及 2 款	第一九〇条
第一一九条 3 款	第一九二条
第一二〇条	第一九一条
第一二一条	第一九二条
第一二二条	第一九三条
第一二三条 1 款及 2 款	第一九四条
第一二三条 3 款	第一七九条 4 款
第一二四条 1 款	第一九五条 1 款
第一二四条 2 款	第一九五条 2 款及 3 款、第一九六条
第一二五条	第一九七条
第一二六条 1 款	第一九八条 1 款
第一二六条 2 款	第一九八条 2 款第一段第一句

续表 14

第（EC）450/2008 号条例	本条例
第一二七条 1 款	第一九九条
第一二七条 2 款	第一九八条 3 款（d）项
第一二八条	第一九八条 2 款第一段第二句及第二段、第一九八条 3 款（a）项至（c）项、第二〇〇条
第一二九条	第二〇一条
第一三〇条 1 款	第二〇三条 1 款第一段
第一三〇条 2 款至 5 款	第二〇三条 2 款至 5 款
第一三一条（a）项	–
第一三一条（b）项	第二〇四条
第一三二条	第二〇五条
第一三三条	第二〇八条 1 款
第一三四条	第二〇二条、第二〇三条 1 款第二段、第二〇三条 6 款、第二〇六条、第二〇七条及第二〇九条
第一三五条	第二一〇条
第一三六条 1 款	第二一一条 1 款
第一三六条 2 款第一段（a）项	第二十二条、第十二四条（a）项至（g）项、第二十五条（a）项及（b）项
第一三六条 2 款第一段（b）项	第二十三条 4 款（a）项及第二十四条（h）项
第一三六条 2 款第一段（c）项	第二一二条（a）项
第一三六条 2 款第一段（d）项	第二十二条 1 款第三段及第二十四条（a）项
第一三六条 2 款第一段（e）项	第二十五条（b）项

续表 15

第（EC）450/2008 号条例	本条例
第一三六条 2 款第一段（f）项	第二十三条 4 款（b）项、第二十四条（h）项、第二十八条、第三十一条（b）项及第三十二条
第一三六条 2 款第一段（g）项	–
第一三六条 2 款第一段（h）项	–
第一三六条 2 款第二段	–
第一三六条 3 款第一段（a）项	第二一一条 3 款第一段（a）项
第一三六条 3 款第一段（b）项	第二一一条 3 款第一段（b）项及（c）项
第一三六条 3 款第一段（c）项	第二一一条 3 款第一段（d）项
第一三六条 3 款第二段	第二一二条（b）项
第一三六条 4 款第一段	第二一一条 4 款
第一三六条 4 款第二段	第二一一条 5 款
第一三六条 4 款第三段	第二一一条 6 款
第一三六条 4 款第四段（a）项及（b）项	第二一三条
第一三六条 4 款第四段（c）项	第二一二条（c）项
第一三六条 5 款	第二十三条 2 款
第一三七条 1 款	第二一四条 1 款
第一三七条 2 款	第二一四条 2 款及第七条（c）项
第一三八条	第二一五条 1 款至 3 款
第一三九条	第二一八条
第一四〇条 1 款	第二一九条
第一四〇条 2 款	第二二一条（a）项及第二二二条（b）项
第一四一条	第二二〇条
第一四二条 1 款第一段、第二段及第三段	第二二三条 1 款
第一四二条 1 款第四段	第二二四条（a）项
第一四二条 2 款第一段（a）项	第二二三条 2 款第一段（a）项

续表 16

第（EC）450/2008 号条例	本条例
第一四二条 2 款第一段（b）项及（c）项	第二二三条 2 款第一段（c）项及（d）项
第一四二条 2 款第二段	第二二三条 2 款第一段（b）项及第二二四条（c）项
第一四二条 3 款第一段	第二二三条 3 款
第一四二条 3 款第二段	第二二四条（d）项
第一四二条 4 款	第二二三条 4 款
第一四三条	第二一一条 2 款，第二一六条，第二一七条，第二二一条（b）项，第二二二条（b）项，第二二四条（b）项，第二二五条，第二二八条，第二二九条，第二三〇条，第二三一条（b）项，第二三二条，第二三三条 4 款，第二三五条，第二三六条，第二四三条 2 款，第二五一条 4 款，第二五四条 2 款、3 款、6 款及 7 款，第二五七条 4 款
第一四四条 1 款	第二二六条 1 款
第一四四条 2 款	第二二六条 2 款及第二三一条（a）项
第一四四条 3 款	第二二六条 3 款
第一四四条 4 款	–
第一四五条 1 款及 2 款	第二二七条
第一四五条 3 款第一段	第一五五条 1 款
第一四五条 3 款第二段	第一五七条
第一四六条	第二三三条 1 款至 3 款
第一四七条	第二三四条
第一四八条 1 款	第二三七条 1 款
第一四八条 2 款第一段	第二三七条 2 款

续表 17

第（EC）450/2008 号条例	本条例
第一四八条 2 款第二段	第二三七条 3 款及第二三九条
第一四九条	第二四二条
第一五〇条 1 款	第二三八条 1 款
第一五〇条 2 款（a）项	–
第一五〇条 2 款（b）项	第二三八条 2 款
第一五〇条 3 款	–
第一五一条 1 款第一段	第一四四条
第一五一条 1 款第二段	第一四五条 3 款
第一五一条 2 款	第一四五条 5 款及 11 款
第一五一条 3 款	–
第一五一条 4 款	第一四七条 4 款
第一五一条 5 款	第一四五条 1 款、2 款、4 款及 6 款至 10 款，第一四六条，第一四七条 3 款及 4 款，第一四八条，第一五一条
第一五二条	第一四七条 1 款及 2 款
第一五三条	第二四〇条
第一五四条 1 款（a）项	第二三七条 3 款第一句
第一五四条 1 款（b）项	第二四一条 1 款
第一五四条 2 款	第二三七条 3 款第二句及第二四一条 2 款
第一五五条 1 款	第二四三条 1 款
第一五五条 2 款及 3 款	第二四三条 3 款及 4 款
第一五六条	第二四四条
第一五七条	第二四五条
第一五八条	第二四六条
第一五九条	第二四七条
第一六〇条	第二四八条
第一六一条	第二四九条

续表 18

第（EC）450/2008 号条例	本条例
第一六二条	第二五〇条
第一六三条	第二五一条 1 款至 3 款
第一六四条第一段	第二五三条
第一六四条第二段	-
第一六五条	第二五二条
第一六六条 1 款	第二五四条 1 款
第一六六条 2 款及 3 款	第二五四条 4 款及 5 款
第一六七条	第二五五条
第一六八条	第二五六条
第一六九条	第二五七条 1 款至 3 款
第一七〇条	第二五八条
第一七一条 1 款及 2 款	第二五九条 1 款及 2 款
第一七一条 3 款	第八十六条 5 款
第一七一条 4 款	第二五九条 3 款
第一七二条	第二六〇条
第一七三条	第二六一条
第一七四条	第二六二条
第一七五条 1 款第一段	第二六三条 1 款
第一七五条 1 款第二段	第二六三条 2 款（a）项
第一七五条 2 款及 3 款	第二六三条 3 款及 4 款
第一七六条 1 款（a）项及（b）项	第二六三条 2 款（b）项及第二六五条（b）项
第一七六条 1 款（c）项及（d）项	第二六五条（b）项
第一七六条 1 款（e）项	第一六一条（a）项
第一七六条 2 款	-
第一七七条 1 款及 2 款	第二六七条 1 款及 3 款
第一七七条 3 款	第二六七条 2 款
第一七七条 4 款	第二六七条 2 款

续表 19

第（EC）450/2008 号条例	本条例
第一七七条 5 款	第二六八条
第一七八条 1 款	第二六九条 1 款
第一七八条 2 款（a）项	第二六九条 2 款（a）项及（b）项
第一七八条 2 款（b）项	第二六九条 2 款（d）项及（e）项
第一七八条 3 款	第二六九条 3 款
第一七九条	第二七〇条
第一八〇条 1 款	第二七一条 1 款第一段
第一八〇条 2 款第一句	第六条 1 款
第一八〇条 2 款第二句	第二七一条 3 款
第一八〇条 3 款第一段	第六条 2 款
第一八〇条 3 款第二段	第二七一条 4 款
第一八〇条 4 款	第二七一条 2 款
第一八一条第一段及第二段	第二七二条 1 款
第一八一条第二段及第三段	–
第一八二条 1 款	第二七七条
第一八二条 2 款	–
第一八三条 1 款	第十六条 1 款及第十七条
第一八三条 2 款（a）项及（b）项	–
第一八三条 2 款（c）项	第二八〇条及第二八三条
第一八四条	第二八五条
第一八五条	–
第一八六条	第二八六条 2 款及 3 款
第一八七条	第二八七条
第一八八条 1 款	第二八八条 1 款
第一八八条 2 款	第二八八条 2 款
第一八八条 3 款	第二八八条 1 款